Wandern
im Hohen Venn

Aus Gründen der besseren Lesbarkeit haben wir uns entschlossen, durchgängig die männliche (neutrale) Anredeform zu nutzen, die selbstverständlich die weibliche und die diverse mit einschließt.

Das vorliegende Buch wurde sorgfältig erarbeitet. Dennoch erfolgen alle Angaben ohne Gewähr. Weder die Autoren noch der Verlag können für eventuelle Nachteile oder Schäden, die aus den im Buch vorgestellten Informationen resultieren, Haftung übernehmen.

Sollte diese Publikation Links auf Websiten Dritter enthalten, so übernehmen wir für deren Inhalte keine Haftung, da wir uns diese nicht zu eigen machen, sondern lediglich auf deren Stand zum Zeitpunkt der Erstveröffentlichung verweisen.

WALTER | VON HOEGEN

Wandern im Hohen Venn

7 Routen zwischen dem Vichtbachtal und dem Warchetal

Taschenwanderführer

Meyer & Meyer Verlag

Wandern im Hohen Venn

Bibliografische Information der Deutschen Bibliothek
Die Deutsche Bibliothek verzeichnet diese Publikation in der Deutschen Nationalbibliografie; detaillierte bibliografische Details sind im Internet über <https://www.dnb.de> abrufbar.

Auckland, Beirut, Dubai, Hägendorf, Hongkong, Indianapolis, Kairo, Kapstadt, Manila, Maidenhead, Neu-Delhi, Singapur, Sydney, Teheran, Wien

Member of the World
Sport Publishers' Association (WSPA)

Gesamtherstellung: Print Consult GmbH, München

MIX
Papier | Fördert gute Waldnutzung
FSC® C084279

ISBN 978-3-8403-7855-3
E-Mail: verlag@m-m-sports.com
www.dersportverlag.de

INHALT

AUFMERKSAM WANDERN

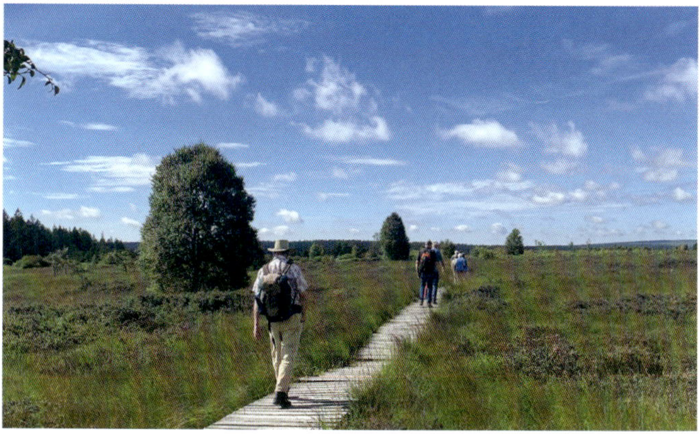

Aufmerksam wandern heißt, die vielen Bilder einer Landschaft – Berge und Täler, Wälder und Wiesen, Felder und Dörfer – nicht nur einfach anzuschauen und sich daran zu erfreuen, sondern auch ihrem Ursprung und gegebenenfalls auch ihren zeitlichen Veränderungen nachzuspüren. Jedes Einzelbild hat dabei seine eigene Zeitrechnung.

Die kulturelle Prägung einer Landschaft durch den Menschen benötigte Jahrhunderte. Die Formung der heutigen Hügel und Täler dauerte viele hunderttausend Jahre. Und für die Gesteine im Untergrund bemisst sich ihre Entstehungszeit nach Millionen Jahren. Landschaft und Zeit sind untrennbar miteinander verbunden.

2

DIE EUREGIO MAAS-RHEIN UND DAS HOHE VENN

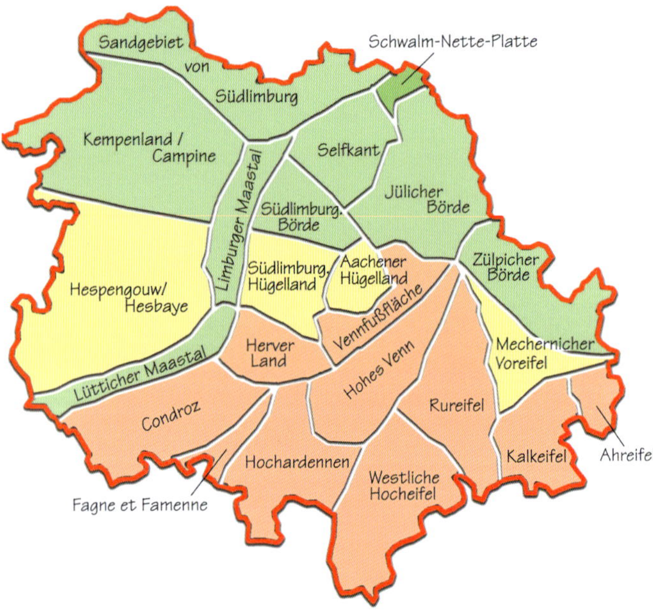

Die Euregio Maas-Rhein umfasst Naturräume mit ganz verschiedenem Untergrund, unterschiedlichem Relief und unterschiedlichen Böden. Diese Verschiedenheiten bedeuteten auch ganz unterschiedliche Voraussetzungen für den historischen Gang ihrer Besiedlung und Landnutzung durch die Menschen.

Im Norden bilden das Kempenland (Campine) und die Lösslandschaften Südlimburgs und der westlichen Niederrheinischen Bucht ein tief liegendes Flachland. Dort sind an der Oberfläche hauptsächlich erdgeschichtlich junge Flussschotter mit Lössbedeckung verbreitet.

Die südliche Hälfte der Euregio umfasst das Bergland der Ostardennen, des Hohen Venns und der Nordeifel. Dort tritt ein erdgeschichtlich älteres Stockwerk aus gefalteten Sandsteinen, Kalksteinen und Schiefern des Erdaltertums (Paläozoikum) an die Tagesoberfläche.

Zwischen dem Flachland und dem Bergland vermitteln die Plateaulandschaften der Hesbaye (Hespengow), das Südlimburger und Aachener Hügelland und weiter im Osten die Mechernicher Voreifel. Hier haben flach liegende Kalk- und Sandsteinschichten des Erdmittelalters (Mesozoikum) weite Verbreitung.

Als **Hohes Venn** (franz. Hautes Fagnes) wird eine bis 700 Meter hoch liegende Rumpffläche in der nordöstlichen Fortsetzung der Hochardennen bezeichnet. Wasserundurchlässige Tonböden über tiefgründig verwitterten kambrischen Tonschiefern ermöglichten hier nach Ende der letzten Kaltzeit (vor 12.000 Jahren) die Entstehung ausgedehnter Hochmoore. Deren viele Meter dicke Torfschichten waren jahrhundertelang eine wichtige Energiequelle für die umliegenden Gemeinden.

Im 19. Jahrhundert wurde ein großer Teil der Moore entwässert und mit Fichten aufgeforstet. Die verbliebenen Moorflächen stehen heute unter strengem Naturschutz. Das Gebiet ist weitgehend unbewohnt.

3

DIE GANZE GESCHICHTE DES HOHEN VENNS

(Zeittafel im Innenteil der hinteren Umschlagseite)

DIE ZEIT DER STEINE

Die Geschichte des Hohen Venns reicht nach der geologischen Zeitskala zurück bis in die Zeit des Kambriums zwischen 541 und 488 Millionen Jahren vor heute. Damals lag das Gebiet der heutigen Euregio Maas-Rhein am Rand einer ausgedehnten Landmasse aus alten Kristallinmassiven und Gebirgszügen. Diese von den Geologen als „Gondwana-Kontinent" bezeichnete Landmasse war von einem Schelfmeer umgeben, in dem sich von Flüssen herantransportierte Sedimente sammelten.

Zu Beginn der Kambrium-Zeit überwog noch der Sand, aus dem später Sandsteine und Quarzite entstanden. Später sammelten sich auf dem Meeresboden extrem feinkörnige Tonsedimente, aus denen schwarze Tonschiefer hervorgingen. Von den Geologen werden die ersten Sandstein- und Quarzitfolgen und die darüber folgenden schwarzen Tonschiefer mit Quarziteinschaltungen nach zwei französischen Ardennenstädten als Deville- und Revin-Schichten bezeichnet.

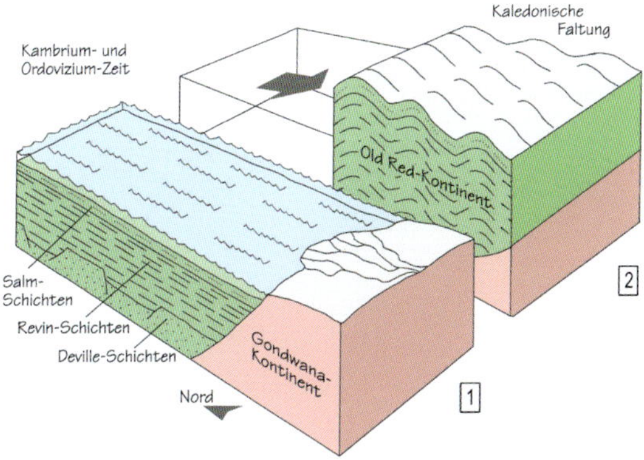

Die ganze Geschichte des Hohen Venns (1)

Nach Ende der Kambrium-Zeit entstanden in der Ordovizium-Zeit (488 bis 444 Millionen Jahre vor heue) in besonders flachen Wattengebieten sandig gebänderte Tonschiefer und Feinsandsteine, die von den Geologen nach der Salm, einem Fluss in den belgischen Ostardennen, als Salm-Schichten bezeichnet werden.

Danach erlebten die Sedimentgesteine der heutigen Euregio Maas-Rhein einen ersten tektonischen Zusammenschub („kaledonische Faltung"). Damals entstand ein neues, ganz Nordwesteuropa umfassendes Festland, das von den Geologen wegen seiner roten Verwitterungsbildungen als „Old Red-Kontinent" bezeichnet wird. Auch in der heutigen Euregio Maas-Rhein kamen in der nachfolgenden frühen Devon-Zeit (Gedinne-Stufe) rote Ablagerungen von Flüssen und Überschwemmungsebenen zur Ablagerung.

Später in der Unterdevon-Zeit (Siegen-Stufe, Ems-Stufe) zog sich die Südküste des Old Red-Kontinents nach Norden bis in das heutige Eifelvorland zurück. Infolgedessen kam es im Gebiet der Eifel und Ardennen zur Bildung von marinen Sand- und Tonablagerungen.

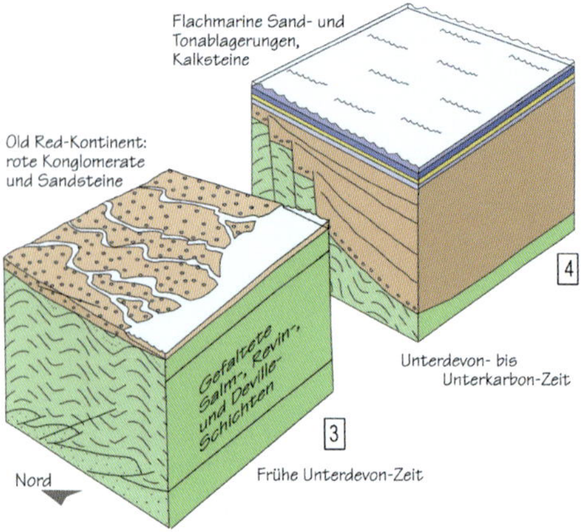

Die ganze Geschichte des Hohen Venns (2)

Dabei senkte sich der Untergrund dieses neuen Schelfmeeres über einen langen Zeitraum permanent ab, sodass sich im Gebiet des heutigen Hohen Venns, der heutigen Rureifel und in den östlichen Ardennen ein über 8.0000 Meter mächtiger Stapel von zuerst überwiegend grauen tonig-sandigen Flachwassersedimenten und ab der oberen Mitteldevon-Zeit auch schlammige Kalkablagerungen und Riffkalksteine absetzen konnten. Diese Ablagerungen der Devon-Zeit bis frühen Karbon-Zeit sind heute im Gebiet des Hohen Venns allerdings nicht mehr erhalten. Denn in der mittleren Karbon-Zeit (um 320 Millionen Jahre vor heute) setzte ein zweiter kräftiger Zusammenschub der bis dahin im Gebiet der heutigen Nordeifel und Ostardennen gebildeten Sedimentschichten ein und führte zu deren Auffaltung und Heraushebung (Variszische Faltung). Am weitesten herausgehoben und danach besonders tief abgetragen wurde dabei der breite Venn-Sattel mit kambrischen Revin-Schiefern und -Revin-Quarziten im Kern.

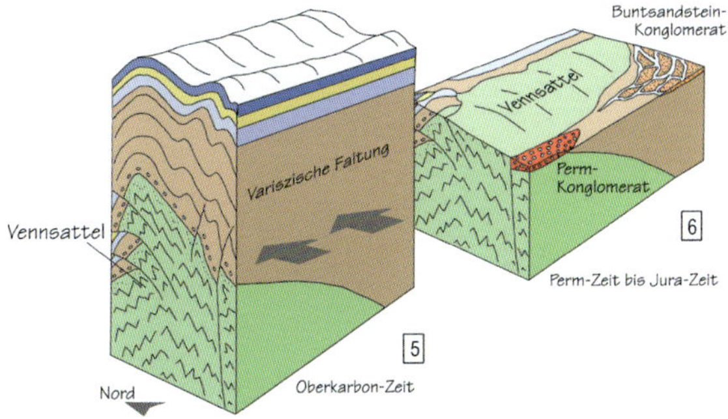

Die ganze Geschichte des Hohen Venns (3)

Nach Südosten schloss sich ein eng gefaltetes Sattel- und Muldensystem aus mächtigen devonzeitlichen Schiefern, Sandsteinen und Kalksteinen an. Nach Norden wurde der breite Vennsattel auf sein gleichfalls gefaltetes nördliches Vorland überschoben.

Das neu entstandene Variszische Gebirge der Nordeifel und Ostardennen mit dem breit herausgehobenen Vennsattel wurde im Verlauf der späten Oberkarbon-Zeit und in der folgenden Perm-Zeit (zwischen 320 und 250 Millionen Jahre vor heute) durch Abspülung und Flusserosion wieder zu einem Flachland abgetragen. Dadurch wurden die Revin- und Salm-Schichten im Kern des Vennsattels freigelegt.

Reste von permzeitlichen Flussablagerungen sind heute nur noch örtlich erhalten. Konglomerate der anschließenden Buntsandstein-Zeit fielen im Bereich des Hohen Venns allerdings einer späteren Abtragung zum Opfer.

Nach seiner Einebnung blieb das Gebiet der heutigen Nordeifel in der meisten Zeit Festland. Nur während der jüngeren Kreide-Zeit (zwischen 89 und 65 Millionen Jahren vor heute) und in der jüngeren Tertiär-Zeit (um 20 Millionen Jahre vor heute) ereigneten sich noch einmal zwei kurzzeitige Meeresüberflutungen von Norden her, auch über das Hohe Venn.

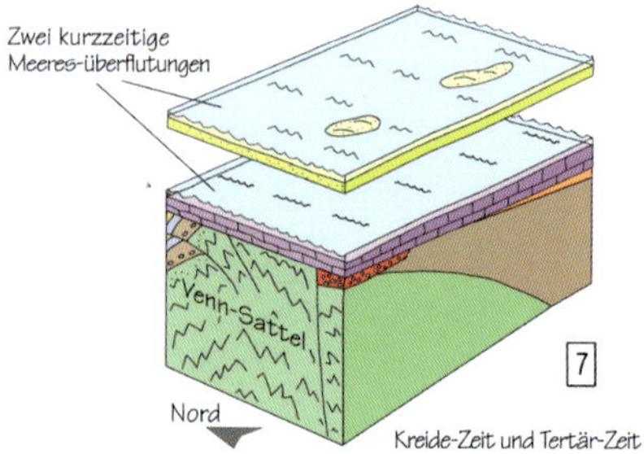

Die ganze Geschichte des Hohen Venns (4)

An die vom Kreidemeer hinterlassenen marinen Kreidekalksteine erinnern heute nur noch einige isolierte Vorkommen von Feuersteinen. Und von einer dünnen Überdeckung des Vennsattels mit tertiärzeitlichem Quarzsand sind nur noch einzelne „Tertiärquarzit"-Blöcke erhalten geblieben.

DIE ZEIT DER RELIEFBILDUNG

In der jüngsten Tertiär-Zeit und frühen Quartär-Zeit (Beginn vor 2,8 Millionen Jahren) waren im Hohen Venn die Strandsande der jüngeren Tertiär-Zeit durch Flüsse und Bäche größtenteils wieder abgespült. Ein Großteil der feuersteinführenden Kreide-Kalksteine war schon vorher der Karstverwitterung zum Opfer gefallen. Deshalb unterlag nun das alte Stockwerk des Vennsattels und der Nordeifel einer intensiven Verwitterung.

Nördlich und südlich des aus verwitterungs- und abtragungsresistenten Revin-Tonschiefern und -Quarziten bestehenden Vennsattels bildeten die Vorläuferflüsse der heutigen Weser und Vicht bzw. der Kall, der Rur, der Urft und der Olef erste flache Muldentäler. Der breite Vennsattel, das heutige Hohe Venn, wurde zur Wasserscheide.

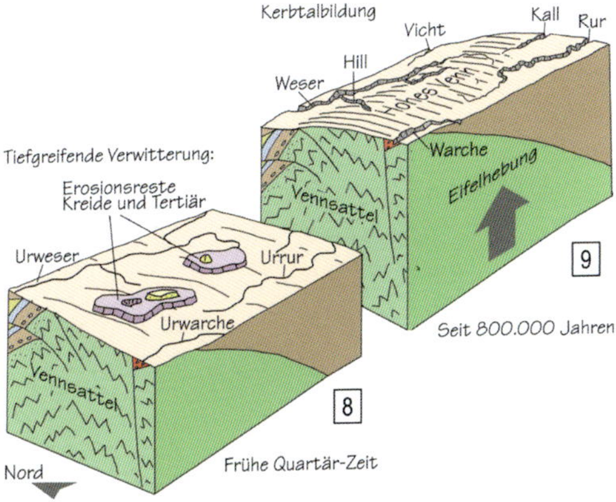

Die ganze Geschichte des Hohen Venns (5)

Vor etwa 800.000 Jahren beschleunigte sich die Heraushebung der heutigen Nordeifel und der Ostardennen. Von nun an begannen die Flüsse und Bäche nördlich und südlich des Hohen Venns, tiefere Kerbtäler einzuschneiden. Wechselnde Klimabedingungen und Hebungsraten führten dabei zur Entstehung von Haupt-, Mittel- und Niederterrassen. Zwischen den Tälern erreichte die Vennhochfläche bis zum Ende der letzten großen Kaltzeit vor 12.000 Jahren ihre heutige Höhenlage zwischen 500 und 700 Metern über dem Meeresspiegel.

Danach begann die Warmzeit des Holozäns. In den Engtälern der Voreifel und Rureifel schnitten sich die Flüsse und Bäche kaum noch weiter ein. Auf der Vennhochfläche führten die dort besonders hohen Niederschläge und die Wasserundurchlässigkeit der Verwitterungslehme der Revin-Schiefer zur Entstehung von Mooren und moorigen Heiden. Noch heute dehnen sich im Hohen Venn größere Hochmoorflächen mit bis zu acht Meter mächtigen Torfschichten aus.

DIE ZEIT DER MENSCHEN

Es gibt keine sicheren Hinweise auf sehr frühe menschliche Aktivitäten im Hohen Venn. Römische Straßen umgingen das Gebiet im Norden und Süden. Bis in das frühe Mittelalter hinein blieb die Hochfläche wegen ihres kargen Bodens und unwirtlichen Klimas praktisch unverändert. Als wohl älteste dauerhafte Verbindung quer über das Hohe Venn entstand im 2. bis 7. Jahrhundert nach Christus die Via Mansuerisca, eine fränkische Bohlenstraße.

Im Mittelalter und in der frühen Neuzeit teilten sich fünf Herrschaften die menschenlose Vennhochfläche. Der Norden gehörte zum Herzogtum Limburg, der Osten zum Herzogtum Jülich, der Südosten zum Herzogtum Luxemburg, der Südwesten zum Klosterbezirk Stavelot-Malmedy und der Westen zum Bistum Lüttich.

Seit dem 11. Jahrhundert entstanden dann rund um die Vennhochfläche mehr als 20 bäuerliche Siedlungen. Ihre Landnutzung beruhte auf einem Feld-Wald-Wechsel (Rottwirtschaft). Der systematische Abbau von Torf zum Heizen begann erst später. Dabei rückten die dörflichen Siedlungen oder auch Einzelgehöfte immer weiter in die zentralen Bereiche des Hohen Venns vor. Dadurch gewannen auch Grenzsteine für Torfstiche und Weiden zunehmend an Bedeutung.

Seit dem späten Mittelalter wurde im Bereich des Hohen Venns Holzkohle für die vielen Eisenhütten und Textilstandorte in den Flusstälern rundum produziert, sodass es um 1800 auf der so gut wie menschenleeren Hochfläche fast keinen Wald mehr gab.

In dieser Zeit wurde das Hohe Venn immer wichtiger für den Durchgangsverkehr von Nord nach Süd und von Ost nach West. 1804 ließ Napoleon die erste moderne Straße von Aachen nach Monschau bauen. Als Eupen und Malmedy nach dem Wiener Kongress 1816 preußisch wurden, folgte 1844 die Straße Eupen-Monschau, und 1855 wurde mit dem Bau einer Straße Eupen-Malmedy begonnen.

Seit 1885 querte die Venn-Eisenbahn zwischen Aachen und Luxemburg das östliche Hohe Venn.

Unter belgischer und preußischer Verwaltung wurden im Hohen Venn große Flächen Ödland wieder aufgeforstet, wobei Fichten wegen ihrer Schnellwüchsigkeit bevorzugt wurden. Im nordöstlichen, etwas tiefer gelegenen Teil des Hohen Venns wurden dagegen größere Flächen in Ackerland oder Grünland umgewandelt.

Trotz all dieser Aktivitäten ist das Hohe Venn selbst nie ein selbstständiger Wirtschaftsraum geworden. Das bedeutete für die rasch anwachsende Landbevölkerung der umliegenden Dörfer niedrige Arbeitslöhne oder lange Weg zur Arbeitsstätte.

Mit dem Versailler Vertrag von 1919 änderte sich die politische Zugehörigkeit weiter Teile des Venngebiets. Eupen, Malmedy und ein Teil des Monschauer Landes wurden belgisch und nahmen fortan an der dortigen politischen und wirtschaftlichen Entwicklung teil.

Nach dem Zeiten Weltkrieg wurden große Teile des Hohen Venns zum Naturschutzgebiet erklärt. 1971 entstand daraus der grenzübergreifende Naturpark Hohes Venn-Eifel. Seit 1992 besteht das von der Europäischen Union finanzierte LIFE-Projekt, dessen Ziel es ist, die Flora und Fauna des Hohen Venns und ihre natürlichen Lebensräume zu erhalten. Für Touristen und Einheimische ist das Hohe Venn heute im Winter ein beliebtes Skigebiet und im Sommer ein attraktives Wandergebiet mit einem dichten Wegenetz teils auf festem Untergrund oder in Moorgebieten auch auf Holzstegen.

4

DIE ROUTEN

(Lage der Routen im Innenteil der vorderen Umschlagseite)

Alle sieben Wanderrouten verlaufen im Verbreitungsgebiet tiefgründig verwitterter Revin-Tonschiefer und -Quarzite der Kambrium-Zeit.

Im Nordosten quert die Route 1 die hoch liegende Moorfläche des Struffelts südlich von Rott und umkreist die Dreilägerbachtalsperre.

Route 2 steigt aus dem Wesertal zwischen Roetgen und Eupen bis ins Quellgebiet des Steinbachs und Eschbachs im Kuttenhart-Venn zur Vennhochfläche auf.

Auf der Vennhochfläche liegt auch das viel besuchte Rundwandergebiet des Brackvenns (Route 3).

Die größten zugänglichen Moorgebiete des Hohen Venns, das Wallonische Venn (Route 4) und das Polleur-Venn (Route 5), liegen zwischen 600 und 700 Meter hoch östlich und westlich von Botrange und Baraque Michel an der Autostraße von Eupen nach Sourbrodt. Ihre Rundwanderwege sind wohl die beliebtesten Wanderziele im Hohen Venn.

Eine kürzere Alternative bietet die Route 6 im Troupa-Venn beiderseits des Oberlaufs der Rur nördlich von Sourbrodt.

Ziel der Route 7 ist das zunehmend tief eingeschnittene Bayehontal zwischen der Vennhochfläche und dem südlich gelegenen Warchetal.

Alle vorgeschlagenen Wanderungen sind Rundwanderungen. Sie queren Moore, Moorheiden und Fichtenforste. Das Gehen auf Stegen und zum Teil steilen, oft steinigen oder durchwurzelten Pfaden erfordert Trittsicherheit, besonders bei Nässe.

Die Routenbeschreibungen umfassen eine Routenkarte mit Wegweisern und Markern, die auf erdgeschichtlich, historisch oder aktuell interessante Orte hinweisen. Solche Hingucker werden im Textteil jeweils als Stopp durch ein Foto illustriert und beschrieben. Darüber hinaus gehende Erläuterungen zu interessanten Einzelthemen sind in einem ausführlichen Anhang zu finden.

Die Streckenverläufe der Wanderungen können einzeln mithilfe eines QR-Codes als GPX-Datei heruntergeladen werden.

Eine ausführliche digitale Version dieses Wanderführers ist als Website unter **www.aufmerksam-wandern.de** verfügbar.

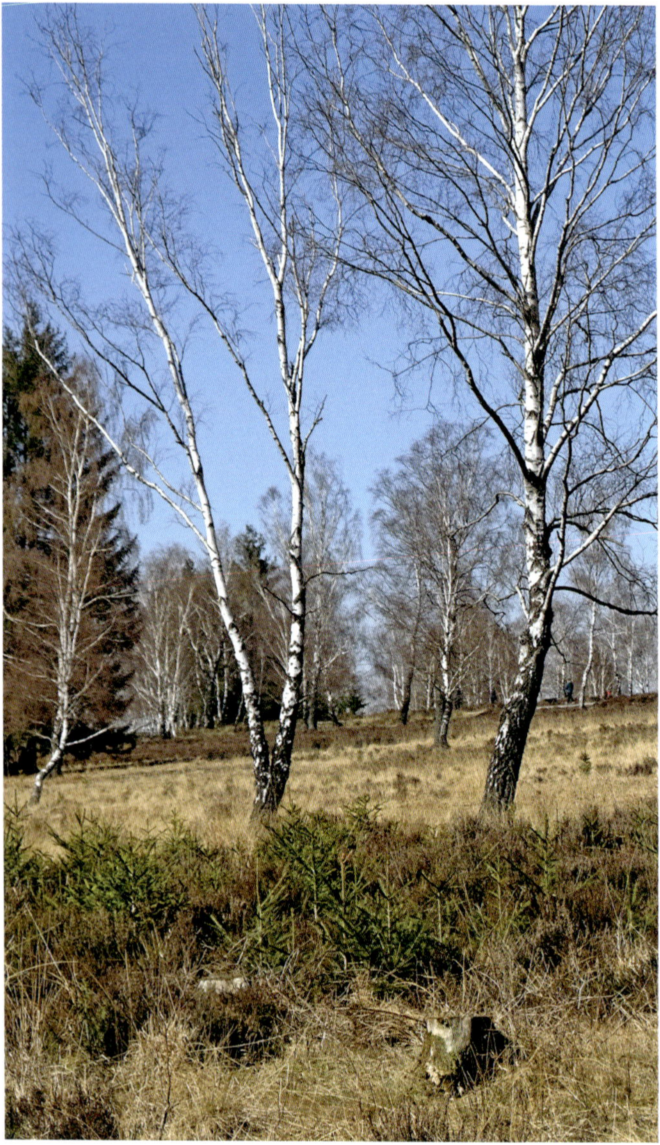

Route 1: Rundwanderung um den Struffelt zwischen Rott und der Dreilägerbachtalsperre

Start und Ziel: Parkplatz „Dicker Bruch" an der Lammersdorfer Straße, östlicher Ortseingang von Rott

Dauer: circa 4,5 Stunden

Länge der Wanderstrecke: circa 13 Kilometer

Höhenunterschiede: 120 Meter

Anfahrt mit öffentlichen Verkehrsmitteln: Haltestelle Kirche, Rott; von dort circa einen Kilometer Fußweg auf der Lammersdorfer Straße bis zum Parkplatz am östlichen Ortsausgang

Fahrplanauskunft: www.aseag.de/fahrplanauskunft

Parkmöglichkeit: Parkplatz „Dicker Bruch"

Streckenführung:
Aufstieg zum Struffelt im kleinen Tal des Birkensiefens. Auf geraden Forstwegen geht es dann über die bewaldete Hochfläche des Struffelts. Wiederabstieg durch Heide und Birkenwald in Richtung Vorbecken der Dreilägerbachtalsperre. Am Vorbecken vorbei und südlich der Talsperre in Richtung Roetgen-Kuhberg. Die Hauptstraße queren und dann weiter zum Filterwerk vor der Staumauer der Dreilägerbachtalsperre. Von dort steil aufwärts zur Mauerkrone und von dort zu den Restmoorflächen des Struffelts. Dort über Holzstege und dann wieder über Forstwege in Richtung Rott und zurück zum Parkplatz „Dicker Bruch".

GPX-Daten zur Route 1

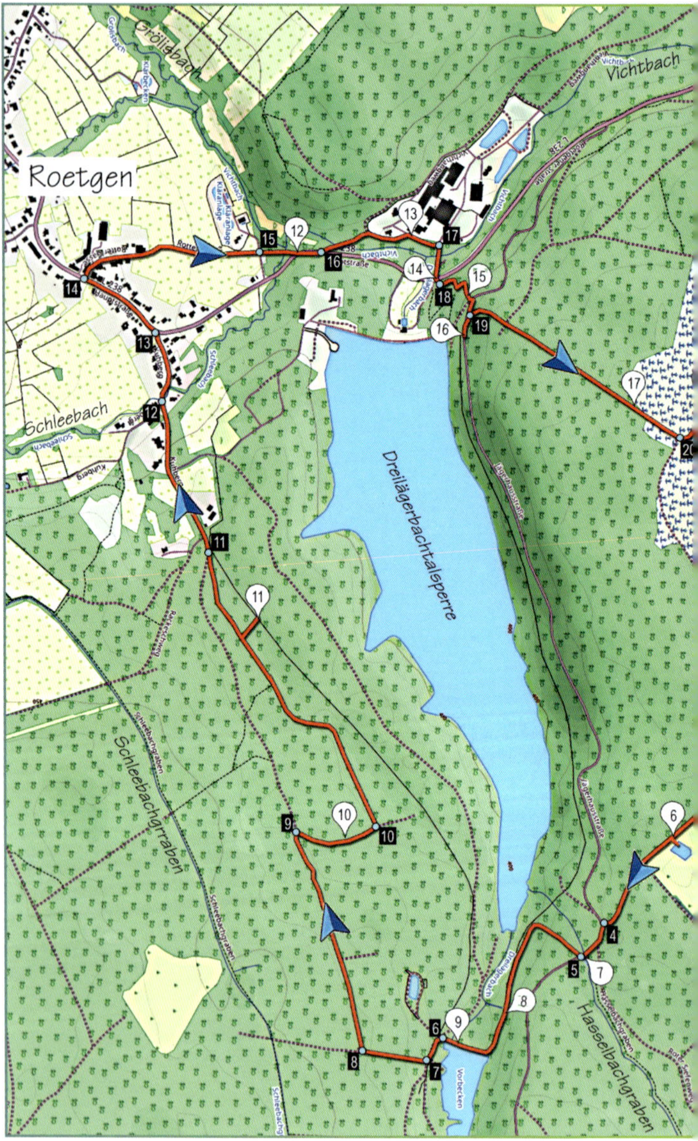
Roetgen
Grölisbach
Vichtbach
Schleebach
Dreilägerbachtalsperre
Schleebachgraben
Hasselbachgraben
Vorbecken
Jägerhausstraße
L 238

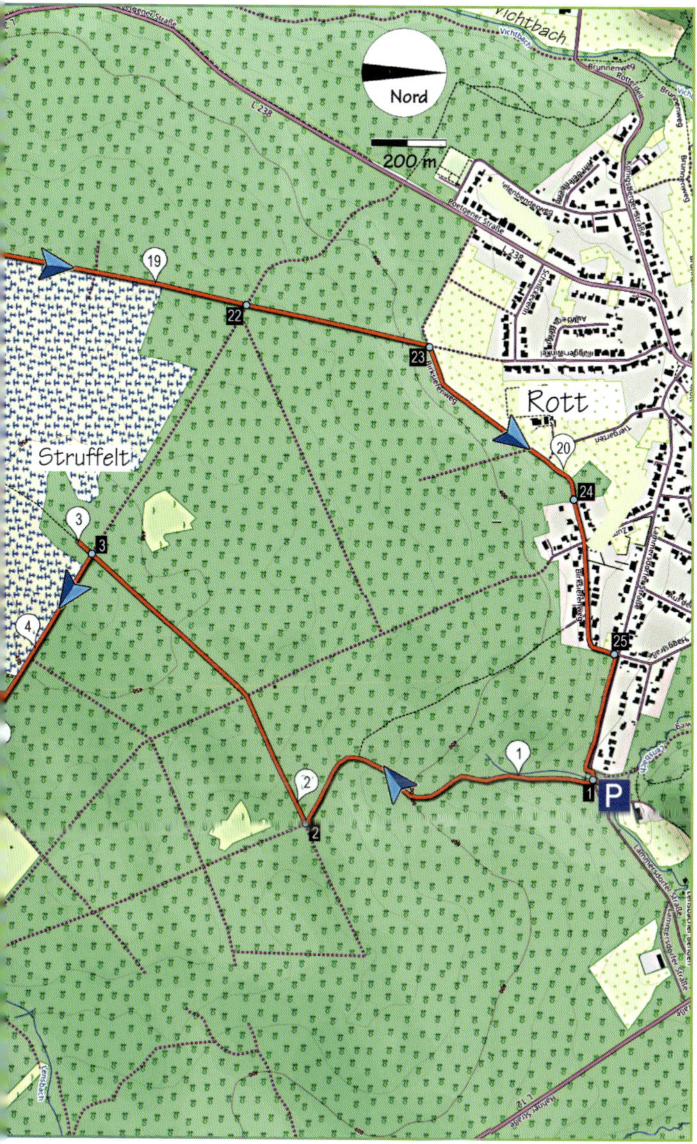
Nord
200 m
Vichtbach
Brunnenweg
L 238
Roetgener Straße
Rott
Struffelt
19
22
23
20
24
25
3
4
1
2
P
Lammersdorfer Straße
L 12

Wegweiser

1	Auf der Straße wenige Meter nach links und dann nach rechts einem geteerten Waldweg im Tal des Birkensiefens aufwärts folgen.
2	Dem Forstweg nach rechts folgen und über die nächste Kreuzung hinaus geradeaus gehen.
3	Einen kleinen Abstecher geradeaus machen; zurück zur Kreuzung und nach rechts über die flache Höhe und dann abwärts bis zu einer Teerstraße gehen.
4	Auf der Teerstraße nach links in Richtung Pegelstation abbiegen.
5	An der Pegelstation rechts abbiegen und zum Vorbecken der Dreiläger-bachtalsperre gehen.
6	Nach Überqueren der Sperrmauer circa 100 Meter nach links aufwärts gehen.
7	Nach rechts circa 150 Meter weiter aufwärts gehen.
8	Nach rechts auf einen breiten Forstweg abbiegen und ihm folgen; am Ende des breiten Weges einem schmalen Fußweg weiter geradeaus
9	An einer Wegkreuzung nach rechts auf einen Fußweg abbiegen.
10	Dem Fußweg nach links weiter folgen.
11	Auf der Straße geradeaus weiter ins Schleebachtal gehen.
12	Von der Schleebachbrücke aus geradeaus weiter bis zur Hauptstraße gehen.
13	Die Hauptstraße queren und nach links bis zur Rotter Gasse gehen.
14	Rechts in die Rotter Gasse abbiegen und ihr bis zu einer Querstraße folgen.
15	Die Querstraße queren und weiter hinunter zum Zusammenfluss von Schleebach und Grölisbach gehen; auf der anderen Seite des Schleebachs wieder aufwärts zur Autostraße gehen.

Wegweiser

16	Von der Straße einem Fußweg nach links in Richtung Wasseraufbereitungsanlage folgen.
17	Rechts abbiegen und über die Vichtbachbrücke zur Autostraße gehen.
18	Die Straße queren und am linken Talhang einem sehr steilen Fußpfad (anfangs Treppe) im Zickzack aufwärts folgen; oben nach rechts zu einem Aussichtsplatz gehen.
19	Auf der der Sperrmauer gegenüberliegenden Straßenseite einem Fußweg aufwärts folgen und dann auf einem Forstweg weiter geradeaus in Richtung Struffelt gehen.
20	Gleich zu Beginn des Holzstegs nach links abbiegen und das Struffelt-Venn queren.
21	Am Ende des Holzstegs einem Forstweg nach rechts folgen.
22	An der Kreuzung zweier Forstwege geradeaus in Richtung Rott gehen.
23	An der nächsten Kreuzung am Waldrand nach rechts in Richtung Birkensiefenweg gehen.
24	Dem Birkensiefenweg über die Straße Zum Struffelt hinaus bis zum Ende folgen und dann nach links auf einem schmalen Weg Richtung Straße gehen.
25	Auf einem schmalen Pfad nach rechts parallel zur Straße zum Parkplatz zurückgehen

1. Stopp: Steinbruch am Birkensiefen

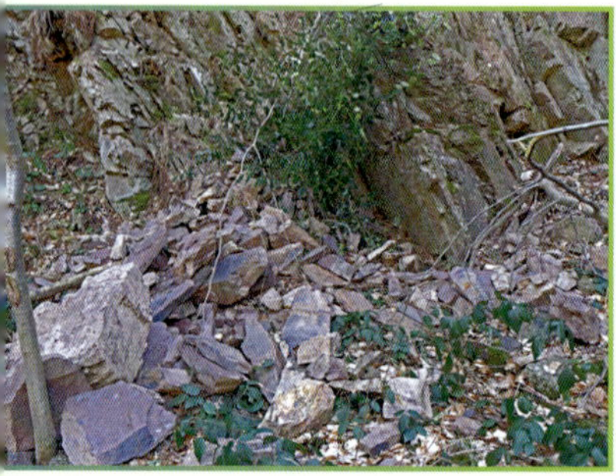

In dem kleinen Steinbruch linker Hand wurden früher rote und rotbraune Sandsteine als Hausteine für den Haus- oder Mauerbau gebrochen. Die rote Farbe der Sandsteine geht auf einen relativ hohen Gehalt an Eisenoxid (Hämatit) zurück, das an der Oberfläche zu Brauneisen ($Fe(OH)_3$) verwittert. Im späten Mittelalter und in der frühen Neuzeit stellten die Verwitterungskrusten dieser Unterdevon-Sandsteine ein wichtiges Eisenerz dar, das in Gruben und oberfächennahen Stollen abgebaut wurde und in der nahe gelegenen Mulartshütte oder in Zweifall verhüttet wurde.

2. Stopp: Drainagegräben auf der Hochfläche des Struffelts

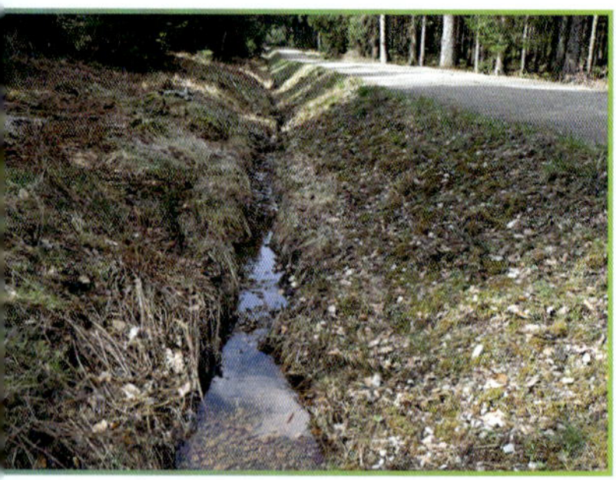

Der Name Struffelt wird abgeleitet von einem alten Flurnamen Strutelsberg. Das Wort „Strut" bedeutete Gebüsch, Dickicht oder sumpfiges Gelände. Heute sind für die Hochfläche des Struffelts tiefe, sorgfältig offen gehaltene Drainagegräben kennzeichnend. Sie ermöglichen die forstwirtschaftliche Nutzung ihrer ursprünglich wegen ihres wasserundurchlässigen Untergrunds kaum zugänglichen Moorflächen.

Thema: Moore und Torf im Hohen Venn

3. Stopp: Auf dem Struffeltkopf

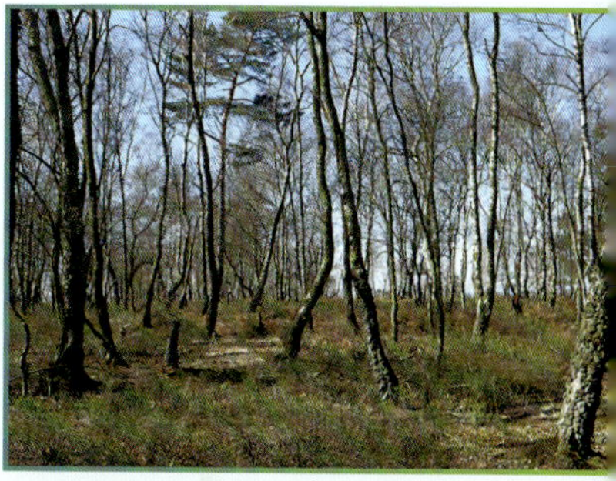

Auf dem 450 Meter hohen Struffeltkopf, der höchsten Stelle des Struffelts, grenzt der Wirtschaftswald an einen natürlichen Bruchwald, an Heide und an Moorflächen. Trockenmauern eines ehemaligen Viehstalls oder Nachtlagers erinnern hier noch an eine frühere Nutzung der Waldheideflächen als Weide. Seit 1989 ist eine 56 Hektar große Fläche als Naturschutzgebiet ausgewiesen. Ziel der Unterschutzstellung ist es, die hier noch vorhandenen Offenlandflächen mit Heide- und Moorvegetation sowie die hier lebenden Tier- und Pflanzenarten zu erhalten.

4. Stopp: Aushub eines Drainagegrabens

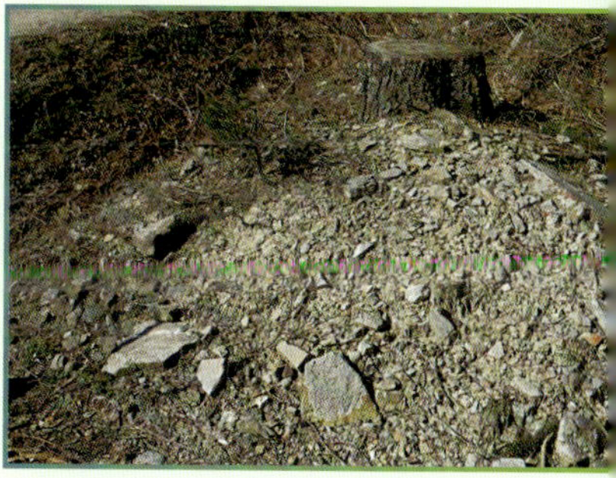

Am Rand eines Drainagegrabens ist der Verwitterungslehm der in größerer Tiefe anstehenden Tonschiefer mit Quarzitbänken der Kambrium-Zeit (Revin-Schichten) ausgeworfen. Aus den ursprünglich schwarzen Tonschiefern ist ein weißer, wasserundurchlässiger Lehm entstanden, der hier zur Moorbildung geführt hat. Die zwischen die schwarzen Tonschiefer eingeschalteten Quarzitbänke veränderten sich dagegen kaum und sind heute als Vennwacken ganz unregelmäßig in der aus den Tonschiefern hervorgegangenen Lehmschicht verteilt.

Thema: Vennwacken im Hohen Venn

5. Stopp: Farnkraut, Besenheide und Birken

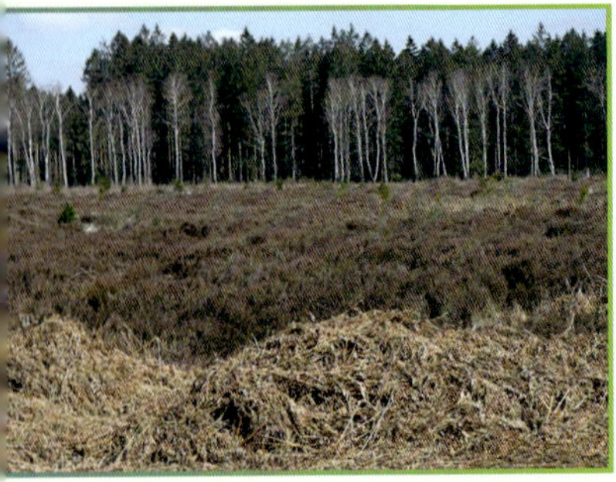

Auf trockenen Heideflächen oder nicht wieder aufgeforsteten Freiflächen bedeutet der sich rasch ausbreitende und alles andere überwuchernde Adlerfarn eine deutliche Behinderung der hier eigentlich standorttypischen Callunaheide oder anderer Pflanzengesellschaften wie Pfeifengras, Blaubeere und Heidelbeere. Dagegen verbreiten sich hier Pioniergehölze wie Birken oder junge Fichten ungehindert, einzeln oder in Gruppen.

6. Stopp: Eine offene Wasserstelle

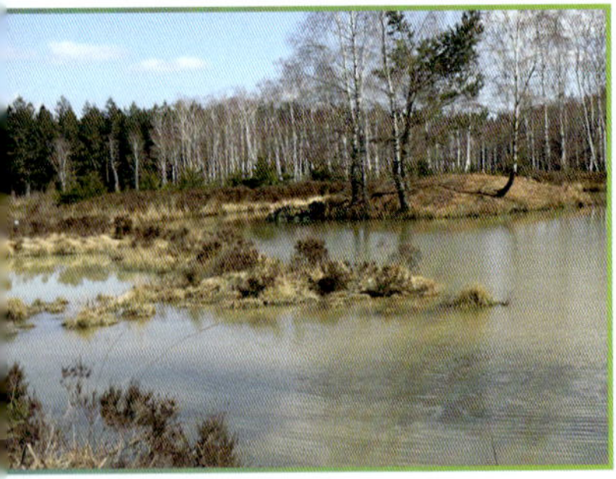

Am Fuß des flachen Südhangs des Struffelts hat sich über einer dicken Lehmschicht ein abflussloser Tümpel angestaut. Die Verwitterungslehme weisen hier eine besondere Mächtigkeit auf, was auf ein langsames, hangabwärts gerichtetes Bodenfließen in einer früheren Permafrost-Zeit zurückzuführen ist. Die Vermoorung des flachen Tümpels schreitet aber schnell voran, sodass er heute künstlich offengehalten werden muss.

7. Stopp: Pegelstelle des Hasselbach-Hanggrabens

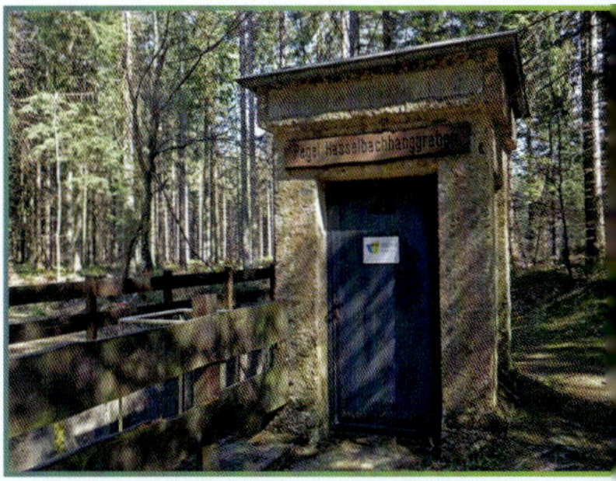

Der Hasselbach-Hanggraben wurde 1920 zur Vergrößerung des Einzugsgebiets der Dreilägerbachtalsperre hergestellt. Von Raffelsbrand aus verläuft er vor dem Nordhang der Hochfläche des Hohen Venns in südwestlicher Richtung und sammelt das Wasser aller von der Hochfläche nach Norden abfließenden Bäche. Am Pegel wird neben der Menge des zufließenden Wassers auch die Wasserqualität kontrolliert. Bei starker Trübung, z. B. nach besonders starken Regenfällen, kann das Wasser des Grabens auch über Wehre weiter oberhalb abgeleitet werden.

8. Stopp: Schwarze Revin-Schiefer

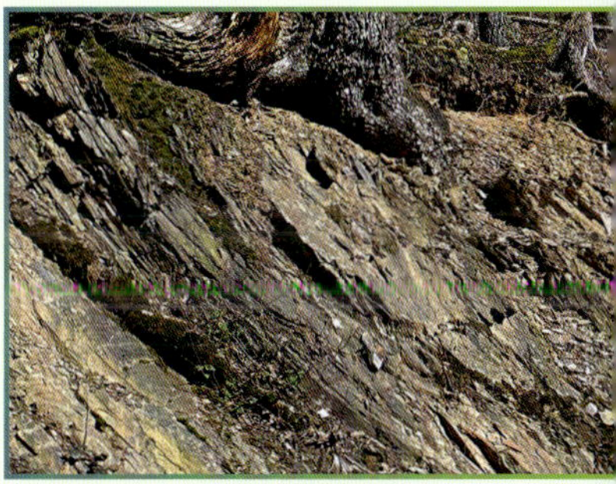

In der Wegböschung sind über eine lange Strecke dünnplattig spaltende und blättrig zerfallende Tonschiefer der Revin-Schichten aus der Kambrium-Zeit angeschnitten. Die im unverwitterten Zustand schwarzen, an der Oberfläche heute aber gelblich-weiß ausbleichenden Tonschiefer verdanken ihre ursprünglich schwarze Farbe einem besonders hohen Kohlenstoffgehalt, der sich durch massenhaft auf den Meeresboden abgesunkenes Plankton und ein sauerstoffarmes Ablagerungsmilieu erklärt.

9. Stopp: Vorbecken des Dreilägerbachs

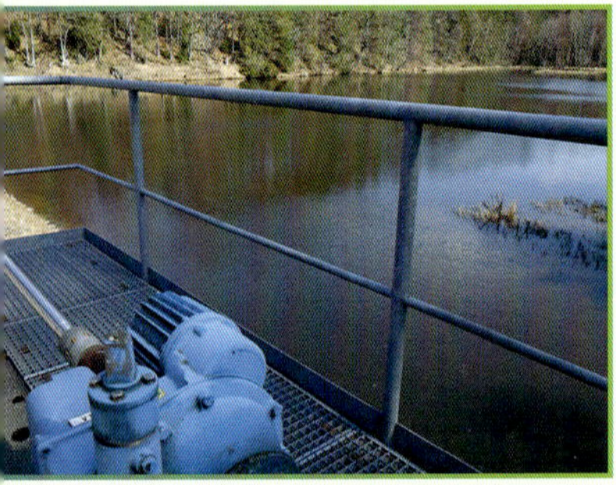

Das Wasser des Dreilägerbachs wird der Dreilägerbachtalsperre nicht direkt, sondern über ein größeres Vorbecken zugeführt. In diesem Vorbecken können sich mitgeführte Sedimente und Schwebstoffe absetzen. Wasserverunreinigungen können so frühzeitig abgefangen werden und gelangen nicht in das Hauptbecken. Das Wasser der Kalltalsperre und des Rursees, das über den Kallstollen zur Dreilägerbachtalsperre gelangt, wird unterhalb des Vorbeckens in die Talsperre geleitet oder es fließt durch eine Umgehungsleitung direkt zur Wasseraufbereitungsanlage.

10. Stopp: Eichenwald mit Fichten

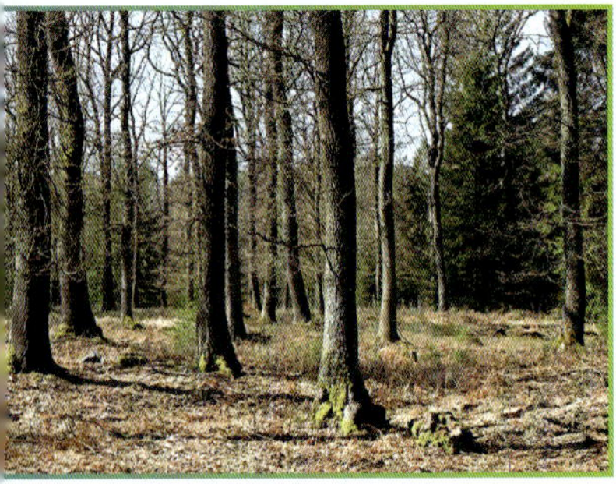

Aus einem früheren Fichtenwald auf einem anmoorigen Boden ist im Zuge einer Renaturierung ein traditioneller Eichenwald geworden. Dessen zahlreiche Baumstümpfe zeigen, dass dieses Gebiet vor längerer Zeit als Wirtschaftswald genutzt wurde. Einige alleinstehende große Fichten sind vielleicht noch Reste aus dem Altbestand. Die vielen jüngeren Einzelfichten zwischen den Eichen sind aus noch im Boden vorhandenen Samen hervorgegangen.

Thema: Die Geschichte des Waldes im Hohen Venn

11. Stopp: Die Napoleonsfichte

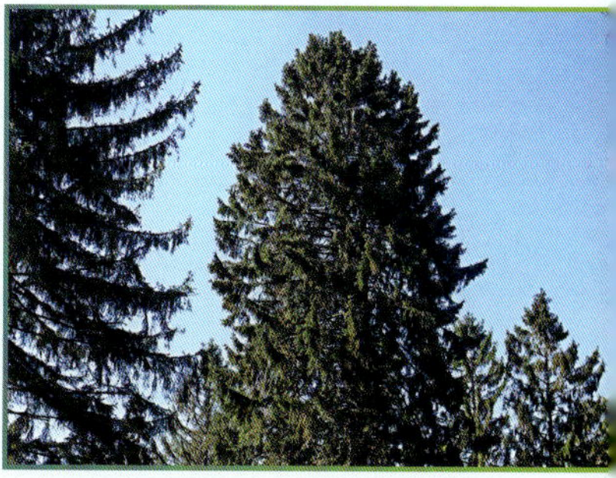

Ein schmaler Pfad nach rechts führt zur sogenannten Napoleonsfichte. Als circa 200 Jahre altes Naturdenkmal steht sie unter besonderem Schutz. Sie misst eine Höhe von 35 Metern und besitzt einen Stammumfang von vier Metern. Wahrscheinlich ist sie noch ein Relikt der ersten nach 1816 unter preußischer Herrschaft aufgeforsteten Fichtenwälder. Damals galt die Fichte auf den kargen Eifelböden als alternativloser Wirtschaftsbaum.

Thema: Die Geschichte des Waldes im Hohen Venn

12. Stopp: Höckerlinie aus der Zeit des Zweiten Weltkriegs

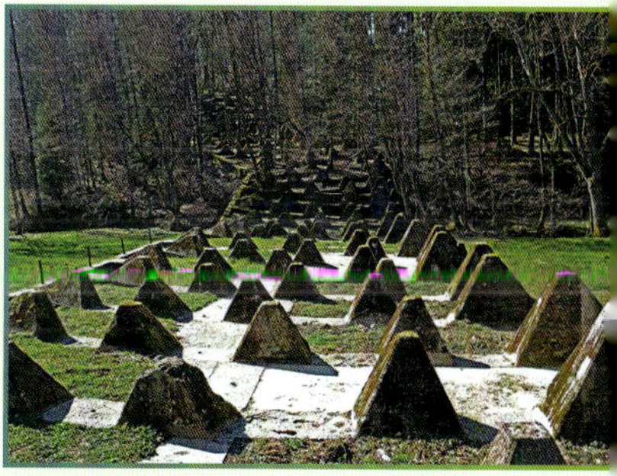

Die Höckerlinie in der Talenge des Grölisbachs/Vichtbachs war Teil des sogenannten Westwalls, einer 630 Kilometer langen Verteidigungslinie entlang der deutschen Westgrenze von der niederländischen Grenze bis zur Schweiz. Das etwa 100 Meter lange Betonbauwerk mit fünf Höckerreihen war als Panzersperre von einer Talseite zur anderen geplant. Am 13. September 1944 nahmen amerikanische Truppen von Roetgen her den Sperrenbereich ein. Eine Tafel gedenkt heute der amerikanischen und deutschen Soldaten, die damals bei den Kampfhandlungen starben.

13. Stopp: Die Trinkwasseraufbereitungsanlage Roetgen

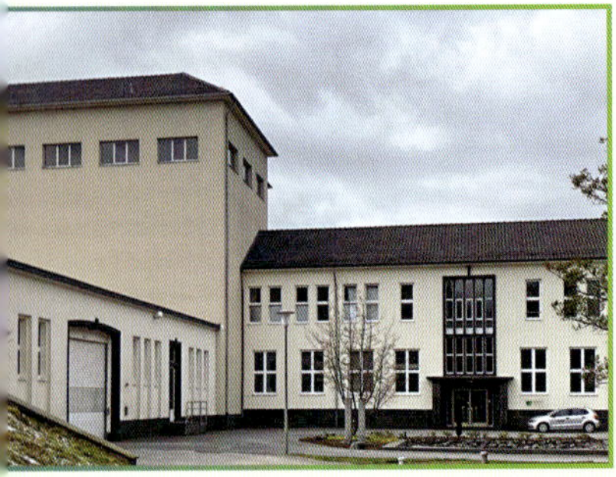

Die TWA Roetgen gilt als eine der modernsten Trinkwasseraufbereitungsanlagen in Europa. Jährlich werden hier circa 28 Millionen Kubikmeter Trinkwasser aufbereitet. Zusammen mit der TWA Wehebachtalsperre versorgt sie die in der Region Aachen lebende Bevölkerung mit rund 35 Millionen Kubikmeter Trinkwasser. Auch Kerkrade und Vaals gehören zu diesem Versorgungsgebiet. Das in der TWA Roetgen aufbereitete Rohwasser stammt ausschließlich aus den Talsperren der Nordeifel (Dreilägerbachtalsperre, Kalltalsperre, Obersee der Rurtalsperre).

14. Stopp: Staumauer der Dreilägerbachtalsperre

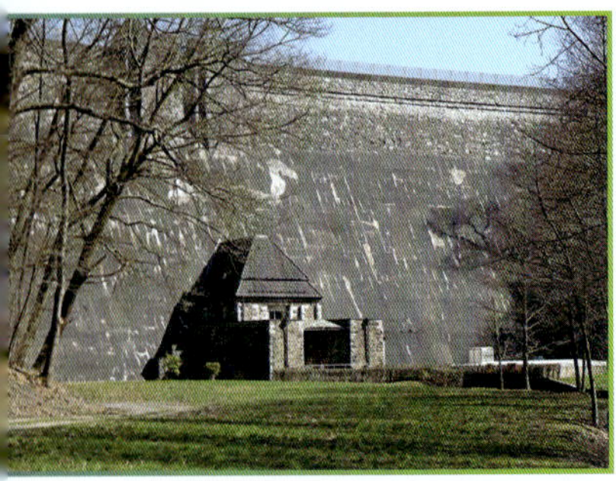

Die von der Talsohle aus 33 Meter hohe Staumauer wurde zwischen 1909 und 1911 nach Plänen des Wasserbauingenieurs Professor Intze errichtet. Sie ist eine Schwergewichtsstaumauer, das heißt, sie verdankt ihre Stabilität ihrem eigenen Gewicht. Der Mauerkörper besteht aus Stampfbeton mit quarzitischen Einpacksteinen, die aus der nördlichen Talseite zum Struffelt hin stammen. Nur die oberen neun Meter der Mauerkrone sind mit Bruchsteinen verblendet.

15. Stopp: Quarzitklippen im Anstieg

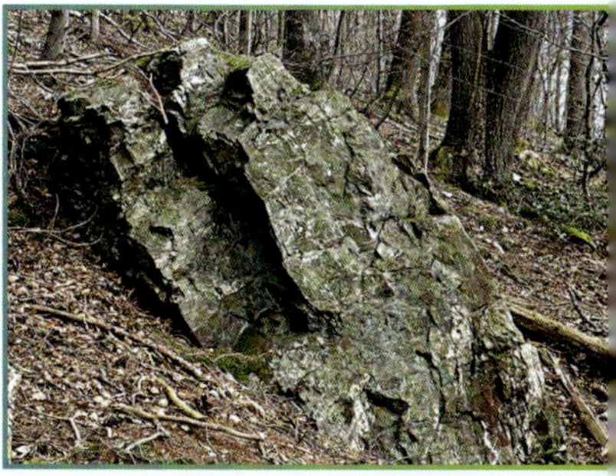

Der steile Anstieg zur Krone der Staumauer wird von hellgrauen Quarzitklippen begleitet. Sie gehören zu einer von mehreren massiven Quarzitbänken, die hier zusammen mit schwarzen Tonschiefern aus der Kambrium-Zeit (Revin-Schichten) zutage treten. Sie wurden im Zuge der Variszischen Faltung steil gestellt. Heute stellen sie einen guten Baugrund und ein gutes seitliches Widerlager für die Talsperrenmauer dar.

16. Stopp: Ausblick auf die Dreilägerbachtalsperre

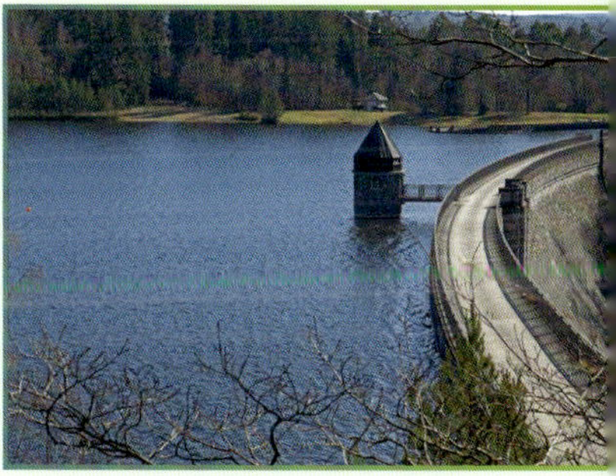

Eine Schautafel informiert über die sonst durch einen Zaun hermetisch abgeschlossene Dreilägerbachtalsperre. Ihr Stauinhalt erreicht fast vier Millionen Kubikmeter. Außer aus dem Dreilägerbach, dem Schleebach und den künstlich angelegten Gräben Schleebachgraben und Hasselbachgraben erhält die Dreilägerbachtalsperre zusätzliches Rohwassser aus der acht Kilometer entfernt liegenden Kalltalsperre und damit auch aus dem Verbund von Rur-, Urft- und Oleftalsperre. Zwischen 1990 und 1993 wurden die Mauer und der Talsperrenraum dahinter saniert.

17. Stopp: Das Naturschutzgebiet Struffelt

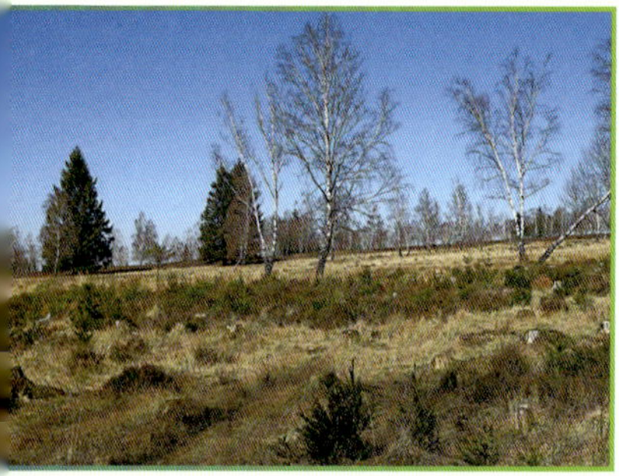

Auf der leicht nach Süden und Westen geneigten Hochfläche des Struffelts trifft man auf ein ausgedehntes Heidegebiet mit örtlich wechselnder Dominanz von Besenheide (Callunaheide), Pfeifengras oder sich stark ausbreitendem Adlerfarn. Auf den großen Heideflächen haben sich einzelne oder in Gruppen stehende Birken als Pioniergehölze angesiedelt. Diese weitgehend baumfreien Flächen gingen aus einer ehemaligen Niederwaldnutzung bzw. aus einem Waldbrand 1972 hervor.

18. Stopp: Auf Holzstegen

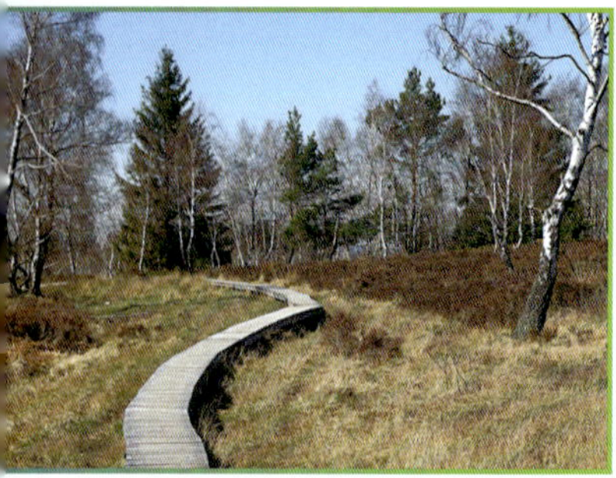

Seit 2004 ist das Kerngebiet des Struffelts durch Holzstege für Wanderer zugänglich. Sie führen über ein Kleinrelief aus Bulten mit Torfmoos und Pfeifengras und dazwischen trockenen oder episodisch mit Regenwasser gefüllten Senken, sogenannten Schlenken. Auf größerer Fläche lassen sich auch flache Mulden und Ringwälle von „Lithalsen" erkennen. Die Mulden sind gelegentlich mit Wasser gefüllt. Die trockenen Wälle bestehen aus Verwitterungslehm mit freigespülten Quarzitstücken (Vennwacken).

Thema: Lithalsen im Hohen Venn

19. Stopp: Auf dem Alten Roetgener Weg

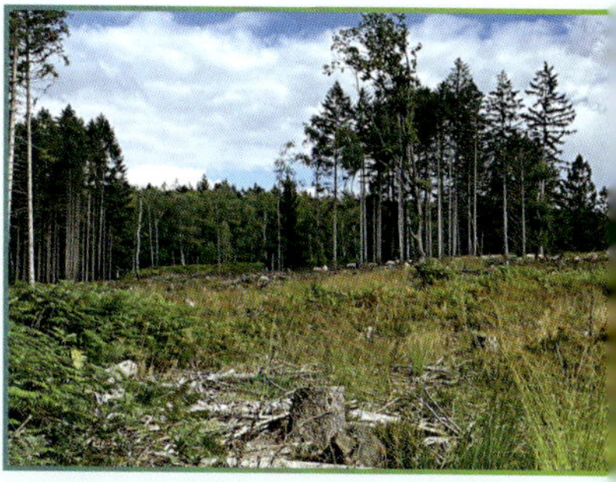

Der Forstweg folgt hier dem Alten Roetgener Weg. Dieser war bis 1860 der Verbindungsweg von der kleinen Rodungssiedlung Rott zum Hauptort Roetgen. Bis zur Errichtung einer kleinen eigenen Kapelle in Rott im Jahr 1718 war er der Kirchweg der Rotter zu ihrer Mutterkirche in Konzen gewesen. Der Weg wird begleitet von teilweise durch Windbruch und vor allem auch durch Borkenkäferbefall stark dezimierten Fichtenforsten. Heute wird das dadurch entstandene Offenland durch Beweidung mit Schafherden freigehalten.

20. Stopp: Ausblick auf Rott

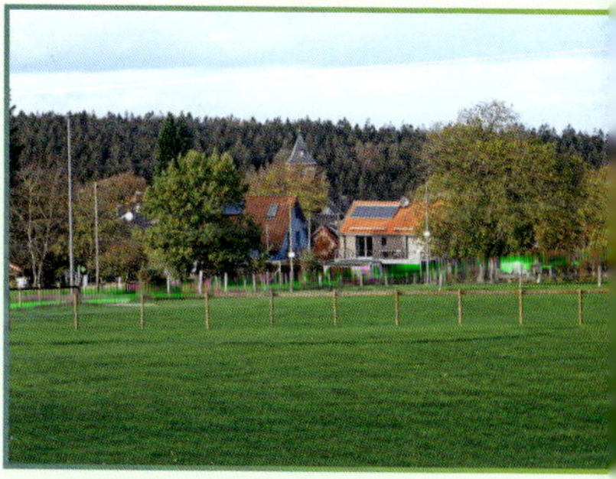

Das Dorf Rott ging aus einem spätmittelalterlichen Köhlerdorf hervor. Zum ersten Mal wurde es 1503 erwähnt. Nach der Blütezeit der Köhlerei waren die Einwohner im 18. und 19. Jahrhundert auf Landwirtschaft und Nebenerwerbkarbeit im Aachener und Stolberger Raum angewiesen. Die 1835 geweihte Dorfkirche ist dem heiligen Antonius und dem heiligen Quirinus gewidmet. Wegen seiner attraktiven landschaftlichen Umgebung wurde Rott in der 2. Hälfte des 20. Jahrhunderts zu einem begehrten Wohnort.

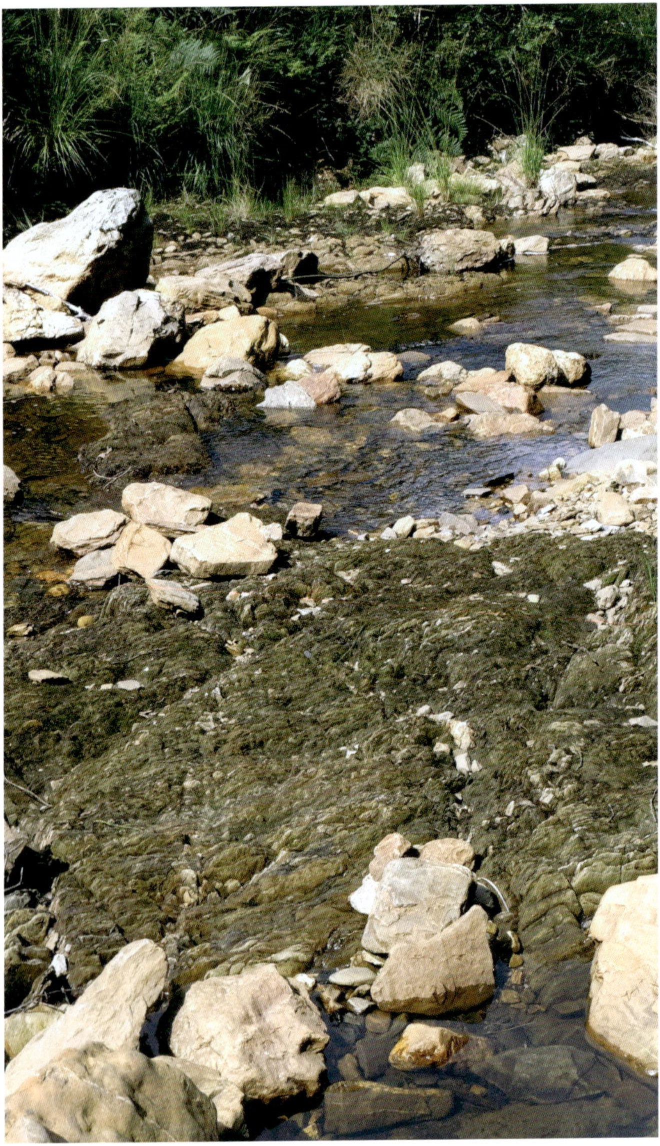

Route 2: Rundwanderung zwischen dem Wesertal und dem Kutenhart-Venn

Start und Ziel: Wanderparkplatz „Weserbrücke" in Roetgen, an der Mühlenstraße gegenüber der Charliers-Mühle

Dauer: 5 Stunden

Länge der Wanderstrecke: circa 15 Kilometer

Höhenunterschiede: 130 Meter

Anfahrt mit öffentlichen Verkehrsmitteln: Haltestelle Roetgen, Wanderstation/Bahnhof; von dort 620 Meter Fußweg auf der Mühlenstraße bis zum Wanderparkplatz „Weserbrücke"

Fahrplanauskunft ASEAG: www.aseag.de/fahrplan/fahrplanauskunft

Parkmöglichkeit: Wanderparkplatz „Weserbrücke" auf der Mühlenstraße

Streckenführung:
Zunächst geht es auf schmalen Fußpfaden weserabwärts bis zur alten Brücke vor der Einmündung des Eschbachs. Dann führt ein ebenso schmaler Weg am Eschbach aufwärts bis zur Einmündung des Steinbachs und weiter bergauf bis in das Quellgebiet des Eschbachs auf dem Plateau des Kutenhart-Venns. Dort bietet die Hochfläche weite Ausblicke über eine abwechslungsreiche Moor- und Heidelandschaft.

Zurück geht es an den ehemaligen Reinartzhöfen vorbei ins Steinbachtal und weiter durch Fichtenforsten des östlichen Herzogenwalds zur Weser. Der Weg weseraufwärts bis zum Parkplatz in Roetgen verläuft dann wieder südlich der Weser. Über weite Strecken führt diese Wanderung buchstäblich über Stock und Stein. Festes Schuhwerk ist erforderlich.

GPX-Daten zur Route 2

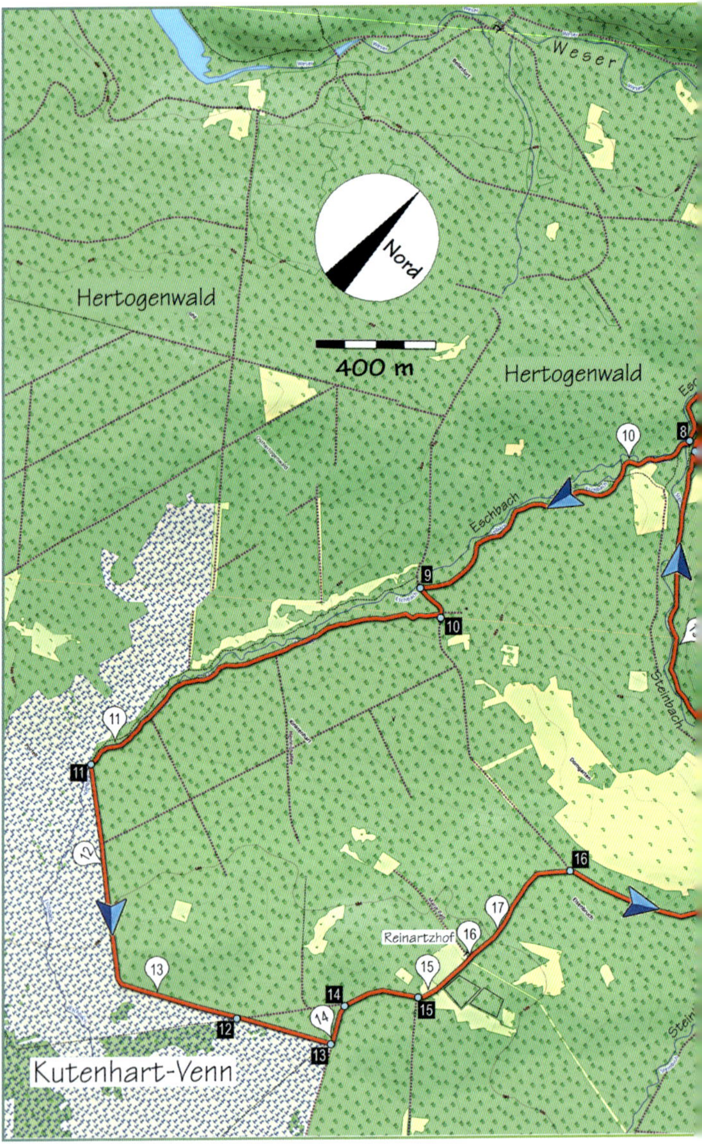
Weser
Nord
400 m
Hertogenwald
Hertogenwald
Eschbach
Steinbach
Reinartzhof
Kutenhart-Venn
8
9
10
11
12
13
14
15
16
10
11
12
13
14
15
16
17

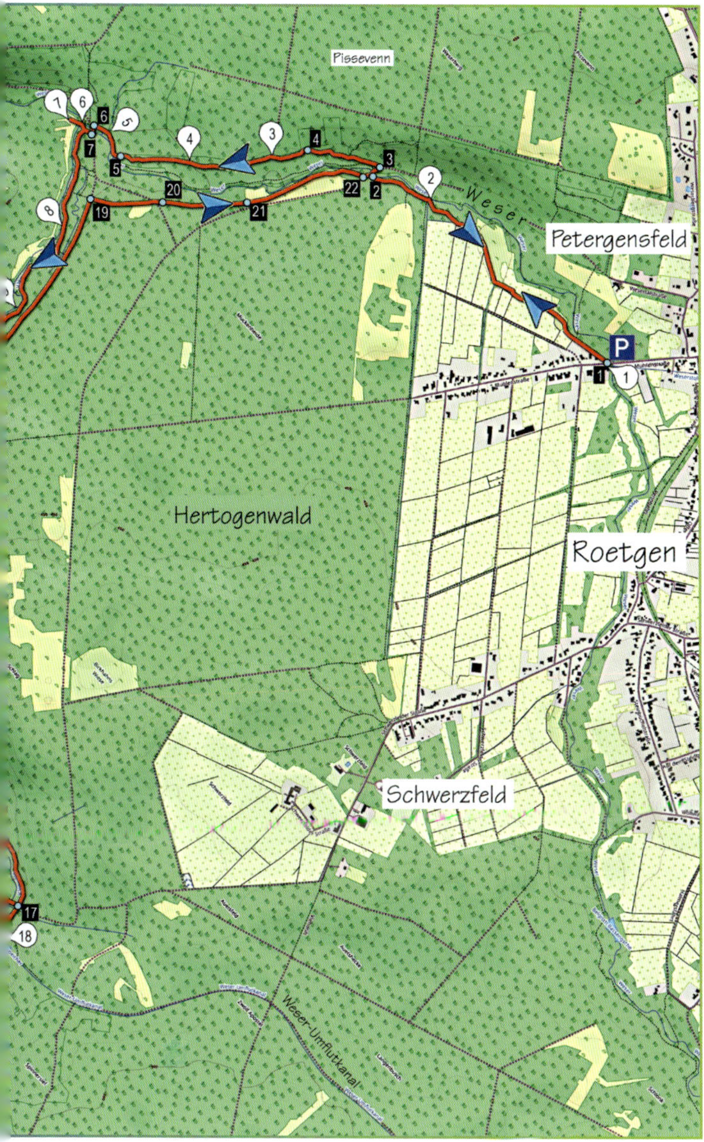
Pissevenn
Weser
Petergensfeld
Hertogenwald
Roetgen
Schwerzfeld
Weser-Umflutkanal
P

Wegweiser

1	Dem Fußweg links neben der Informationstafel zunächst an Gärten vorbei weserabwärts folgen; später geht es etwa einen Kilometer durch Wiesen und Niederwald weiter.
2	Auf der Forststraße rechts abbiegen; dann unmittelbar hinter der Weserbrücke links auf einem Fußpfad zunächst am Bach entlang gehen und dann rechts hangaufwärts weitergehen.
3	An der Gabelung des Fußpfades sich rechts halten; dem Fußpfad weiter hangaufwärts folgen.
4	Auf der Höhe an der Kante des Talhangs zur Weser immer weiter geradeaus gehen.
5	Scharf rechts abbiegen.
6	Nach links über die Weser gehen und unmittelbar dahinter rechts einen Fußpfad in den Wald wählen.
7	Geradeaus bis zum Ufer des Eschbachs gehen; bei Niedrigwasser dort einen Abstecher zur verfallenen Kupfermühle machen; danach am Eschbachufer entlang einem Fußpfad circa einen Kilometer bachaufwärts folgen.
8	Den Steinbach über eine Brücke queren und nach 50 Metern rechts über die Wegböschung steigen und einem schmalen Fußpfad im Eschbachtal circa einen Kilometer aufwärts folgen.
9	Auf der Forststraße 150 Meter nach links bis zu einer Einfahrt zu einem links gelegenen Forsthaus gehen.
10	Gegenüber der Einfahrt rechts auf einen schmalen Fußweg in den Wald abbiegen und diesem über eine längere Strecke bis zum Kutenhart-Venn folgen.
11	Der breiten Schneise zwischen Fichtenforsten (links) und Kuttenhart-Venn (rechts) folgen.
12	Geradeaus weitergehen.
13	Links in die Birkenallee abbiegen.
14	Auf der Forststraße sich rechts halten.

Wegweiser

15	Halb links das Gelände der ehemaligen Reinartzhöfe queren und weiter abwärts gehen.
16	Rechts abbiegen.
17	Hinter der Steinbachbrücke einen Abstecher nach rechts zum Weserkanalbecken machen; nach der Rückkehr vor einer Informationstafel links einem Fußpfad entlang dem rechten Steinbachufer abwärts folgen.
18	Auf dem Waldweg weiter geradeaus bis zu einer Wegkreuzung gehen.
19	An der Wegkreuzung rechts abbiegen.
20	Nach dem Queren einer Forststraße weiter einem schmalen Fußpfad durch den Wald folgen.
21	Geradeaus weitergehen.
22	Auf der Forststraße nach links gehen und vor der Weserbrücke auf den schon vom Hinweg bekannten Waldweg zum Parkplatz an der Charliers Mühle zurückkehren.

1. Stopp: Charliers-Mühle

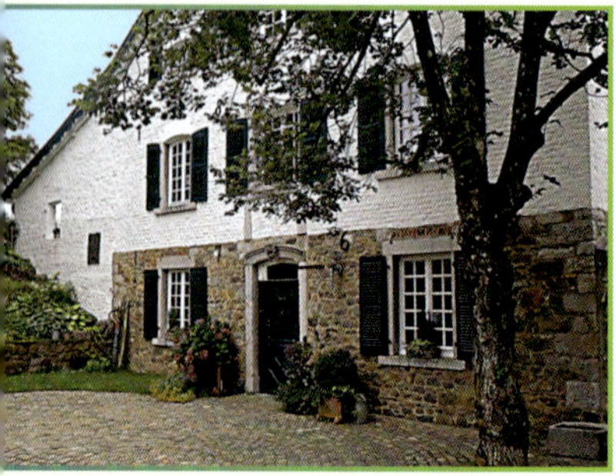

Von 1768 bis 1891 diente das Wasser der Weser dem Betrieb einer Getreidemühle (Kaufmannsmühle, später Charliers-Mühle). Als 1885 die Vennbahn von Aachen nach Monschau ihren Betrieb aufnahm, erwarb die Bahn die Mühle und die damit verbundenen Wasserrechte, um die Dampfloks am Roetgener Bahnhof mit dem nötigen Wasser versorgen zu können. Diese Regelung galt auch noch nach 1919, als die Vennbahn in belgischen Besitz überging.

2. Stopp: Wenig Weserwasser

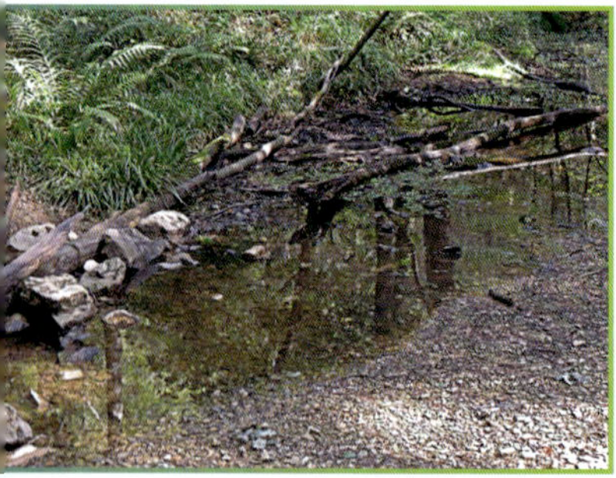

Die ganzjährig geringe Wasserführung der oberen Weser hat zwei Gründe: Erstens wird ihr Quellwasser aus dem Hohen Venn noch auf belgischer Seite durch einen Weserkanal aufgefangen, der weiter im Westen in den belgischen Steinbach einmündet (vgl. Stopp 18). Und zweitens wird das sich auf deutscher Seite in Roetgen sammelnde Weserwasser in Höhe der Charliers-Mühle abgefangen und durch einen Tunnel in den nach Norden in Richtung Vichtbach abfließenden Gröhlsbach umgeleitet.

3. Stopp: Das Pissevenn

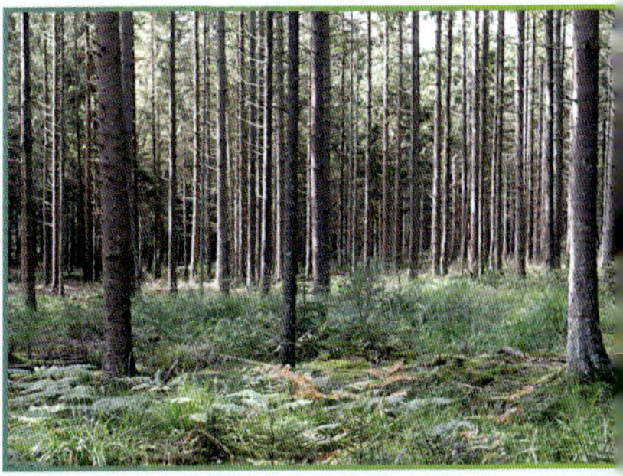

Auf der Hochfläche beginnt das zur Gemeinde Raeren gehörende Pissevenn. Der Name lässt sich ableiten von dem niederdeutschen Wort „bese" für Binse. Seit 1868, also in preußischer Zeit, wurde das bis dahin öde und kahle Pissevenn als „neuer Wald" mit Fichten aufgeforstet. Außerdem wurde zwischen Roetgen und Eupen der heutige Neue Eupener Weg als Straße ausgebaut. Eine ältere Verkehrsverbindung verlief weiter südlich über den Weserberg und dann durch das Wesertal.

Thema: Die Geschichte des Waldes im Hohen Venn
Thema: Historische Grenzen und Straßen im Hohen Venn

4. Stopp: Hohlwege vom Weserberg ins Wesertal

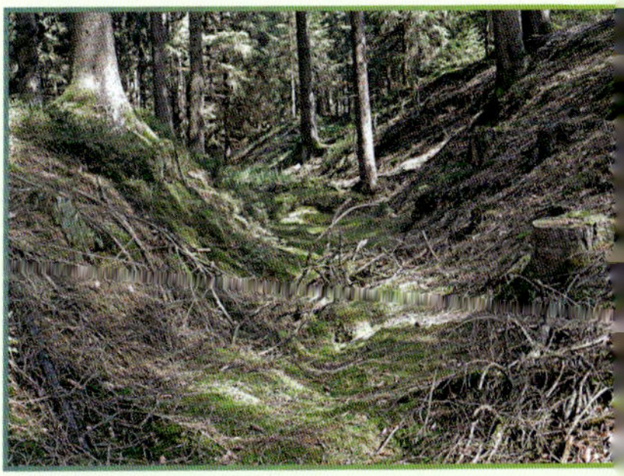

Ein kurzer Abstecher nach rechts zeigt einen tief eingeschnittenen Hohlweg. Dahinter im Wald führt ein ganzes Bündel ähnlich tiefer Hohlwege von der Hochfläche hinunter zur Weser. Sie verlaufen meist parallel zueinander, sind aber auch durch seitliche Übergänge miteinander verbunden. Unschwer ist diesen tiefen Furchen die Mühsal des Abstiegs bzw. des Anstiegs der Pferdekarren von der Hochfläche ins Wesertal und umgekehrt anzusehen. Heute sind die steilen Böschungen der Hohlwege teilweise verfallen oder zugewachsen.

5. Stopp: Braunes Wasser

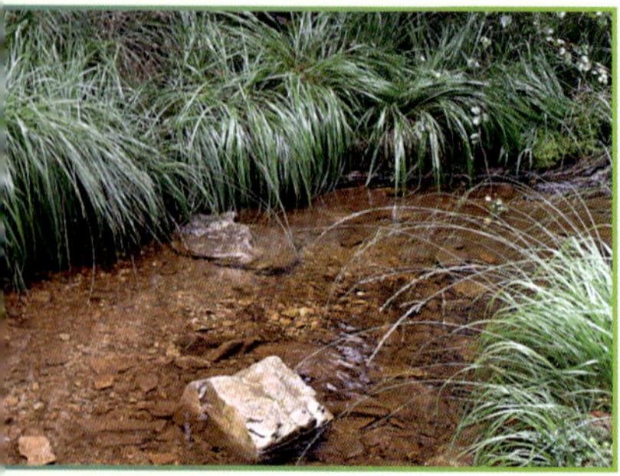

Der Bach nutzt einen alten Hohlweg in Richtung Weser. Das sich vor der Betonrinne stauende Wasser hat eine auffallend braune Farbe. Ursache sind im Wasser reichlich vorhandene Huminstoffe, die aus sich im moorigen Untergrund zersetzenden Pflanzen stammen. Gelegentlich lässt sich über sprudelndem Wasser auch ein weißer Schaum beobachten. Er entsteht, wenn sich die gleichen pflanzlichen Verwesungsstoffe mit fein verteiltem Ton mischen.

6. Stopp: Die Eschbachmündung

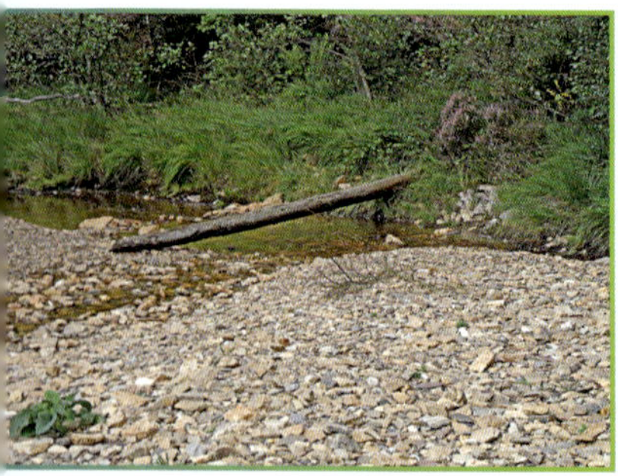

Ein breiter Fächer aus meist nur kantengerundeten grauen und weißen Quarzitgeröllen schiebt sich über die Eschbachmündung hinaus in das Flussbett der Weser und versperrt dieser den freien Durchfluss. Im Frühjahr, bei Hochwasser, strömt das Flusswasser sprudelnd darüber hinweg. In trockenen Sommern bahnt es sich seinen Weg zwischen den Geröllen, und man kann trocknen Fußes von einem Ufer zum anderen gelangen. Entsprechend bestand hier früher eine von Fuhrleuten und Pilgern gerne benutzte Furt.

7. Stopp: Eine verfallene Kupfermühle

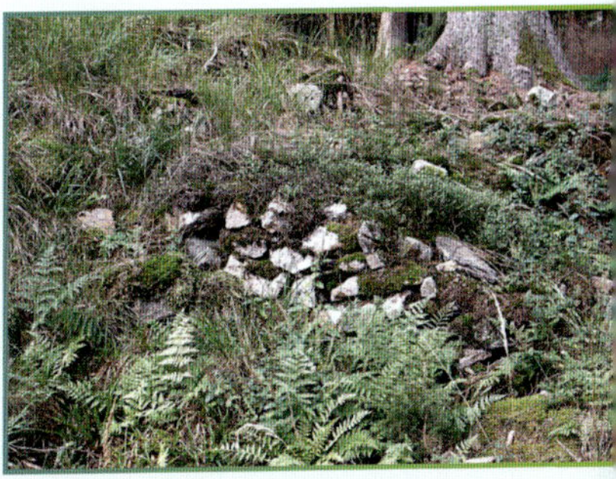

Der Eschbach bildete im 18. Jahrhundert die Grenze zwischen den Herzogtümern Jülich (im Osten) und Limburg (im Westen). Möglicherweise wurde damals in einer Kupfermühle unmittelbar jenseits der Grenze Messing-Rohware aus dem Aachener und Stolberger Raum in Fertigprodukte für das Limburger Land umgearbeitet. In napoleonischer Zeit (nach 1794) brach diese Tätigkeit ab. Die Mühle wurde verkauft und verfiel.

Thema: Historische Grenzen und Straßen im Hohen Venn

8. Stopp: Geröllfracht im Eschbach

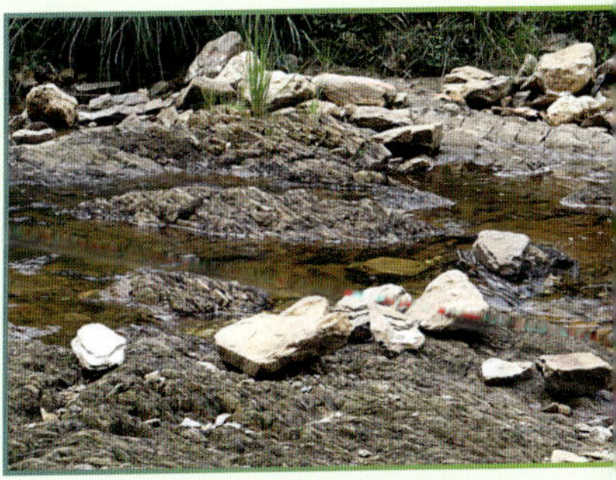

Die vom Eschbach und Steinbach mitgeführten kleinen und großen Gerölle stammen aus deren Quellgebiet und Talflanken. Dort bilden Schiefer und Quarzite der Revin-Schichten aus der jüngeren Kambrium-Zeit den Untergrund. Da die Schiefer oft schon an ihrem Ursprungsort tief verwitterten oder beim Transport schnell zerrieben sind, werden sie vom fließenden Wasser als Schwebfracht fortgespült. Größere Quarzitgerölle werden dagegen am Boden fortgerollt, verschoben oder einfach nur verkippt.

9. Stopp: Flussgerölle in „Dachziegelpackung"

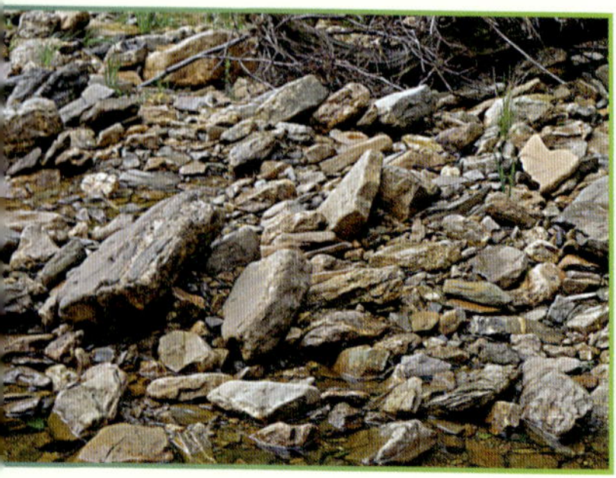

Flussgerölle, die nicht rund, sondern eher plattig ausgebildet sind, können durch die Wirbelwalzen eines Bachs in eine Schrägstellung in Stromrichtung gebracht werden. Dadurch erreichen sie eine besonders stabile Lage. Das gilt besonders, wenn sich mehrere Gerölle auf diese Weise dachziegelartig teilweise überdecken („Dachziegelpackung") und sich so gegenseitig vor dem Weitertransport schützen.

10. Stopp: Quarzite und Schiefer der Revin-Schichten

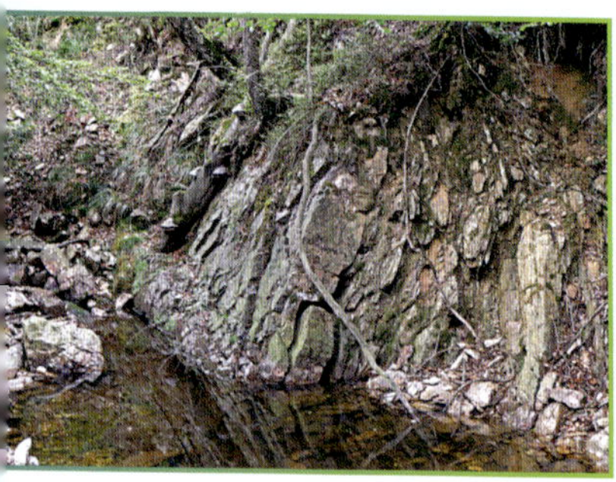

Quarzite und Tonschiefer sind im Untergrund des Hohen Venns weit verbreitet. Die Tonschiefer verwittern an der Oberfläche zu einem gelblich-weißen Ton, über dem sich das Niederschlagswasser staut und in zahllosen kleineren und größeren Gerinnen abfließt. Die eingeschalteten Quarzitbänke sind dagegen verwitterungsresistent. Anders als die Schiefer sind sie aber stark zerklüftet und zerfallen zwischen dem Verwitterungston der Schiefer in kleinere und größere Gesteinsstücke (Vennwacken). Diese füllen später die Bäche.

Thema: Vennwacken im Hohen Venn

11. Stopp: Eichen-Birken-Mischwald

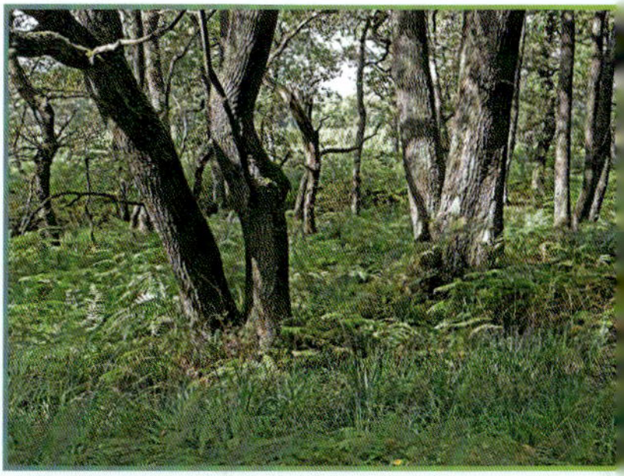

Ursprünglich war der ganze nach Nordwesten exponierte luvseitige Hang des Hohen Venns dominiert von Eichen-Birken-Mischwäldern. Diese waren aber schon vor der Einführung der Fichte im 19. Jahrhundert durch eine über Jahrhunderte betriebene Eichenschälwirtschaft (zur Gewinnung von Gerberlohe) und Köhlerei (zur Gewinnung von Holzkohle) stark beschädigt. Heute findet man Laubwälder dieses Typs nur noch auf den feuchten und steinigen, nicht anderweitig zu nutzenden Talböden der Vennbäche.

Thema: Die Geschichte des Waldes im Hohen Venn

12. Stopp: Das Kutenhart-Venn

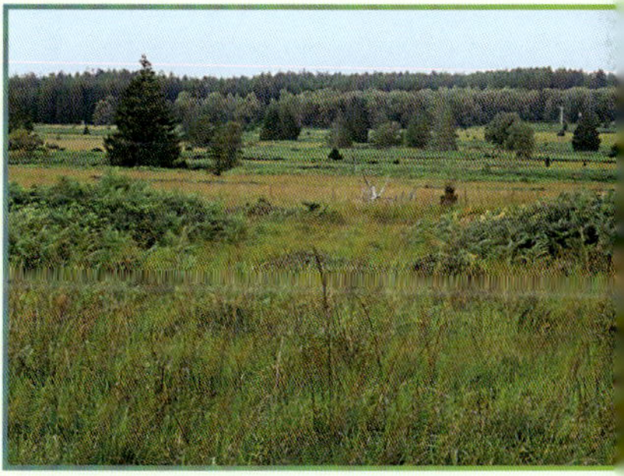

Das Kutenhart-Venn – gelegentlich auch als Nahtsief-Venn bezeichnet – wurde bis zur Enteignung der Reinartzhöfe 1961 von dort als Weideland und Mähwiese genutzt. Heute gehört es als B-Zone zu den nordöstlichen Naturschutzgebieten des Hohen Venns. Das bedeutet, es ist für Wanderer zugänglich, aber nur auf den dazu ausgewiesenen Wegen. Das 300 Hektar große Gebiet wird heute geprägt von weiten Pfeifengrasheiden und Adlerfarnflächen als Ergebnis seiner Entwässerung und früheren Übernutzung.

Thema: Moore und Torf im Hohen Venn

13. Stopp: Vennwacken

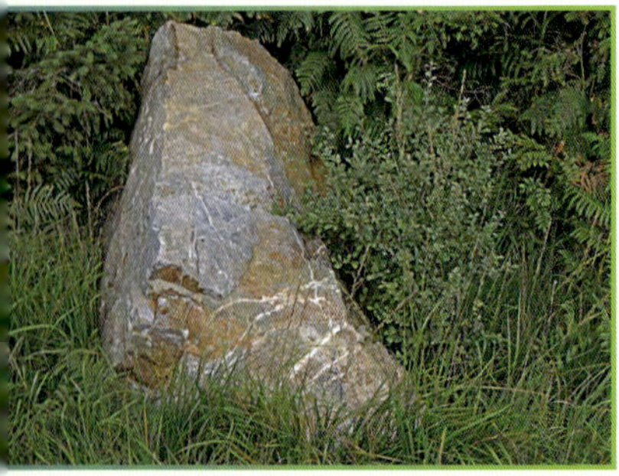

Die großen Quarzitblöcke stammen aus den hier zwischen dem Kutenhart-Venn und den Fichtenforsten ausgehobenen Drainagegräben. Sie gehörten zu einer viele Meter tief reichenden Verwitterungsschicht aus hell-gelblichem Lehm und solchen „Vennwacken", die die ganze Vennhochfläche überziehen. Ausgangsgesteine waren die schwarzen Tonschiefer und Quarzitbänke der Kambrium-Zeit (Revin-Schichten). Die Tonschiefer verwitterten zu hellem Lehm, die Quarzitbänke blieben dagegen unverändert.

Thema: Vennwacken im Hohen Venn

14. Stopp: Die Pilgerstraße Aachen-Trier

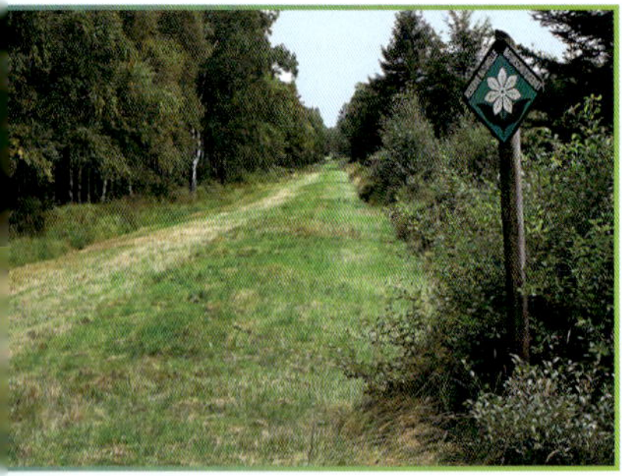

Schon seit dem Mittelalter führte eine viel begangene bzw. befahrene Pilgerstraße von Aachen und Kornelimünster nach Trier und umgekehrt über das einsame Hohe Venn. Von den Reinartzhöfen kommend, verläuft ihre Spur hier rechts entlang einer heutigen Schneise und dann durch wieder aufgeforstetes Gelände zum Arnold-Kreuz und Bilfinger-Kreuz am heutigen Reinartzhofer Weg. Von dort ging es über den Steling nach Mützenich, wo sich der Weg dann in Richtung Monschau oder Kloster Reichenstein teilte.

Thema: Historische Grenzen und Straßen im Hohen Venn

15. Stopp: Die Reinartzhöfe

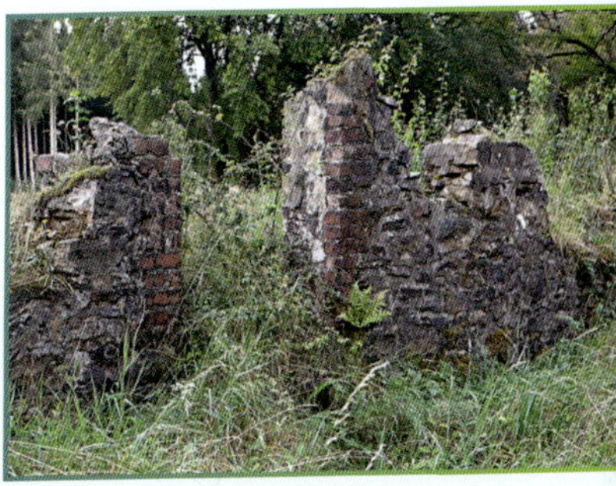

Erstmals urkundlich erwähnt wurde der Siedlungsplatz 1338 in einer Rechnung der Reichsstadt Aachen für eine Wegeausbesserung durch einen „Einsiedler im Wald am Reinhard". Seit Anfang des 16. Jahrhunderts bestand hier an der Pilgerstraße von Aachen nach Trier ein Hofgut der Herzöge von Jülich. Zweimal, 1556 und während des Dreißigjährigen Krieges, wurde der Weiler zerstört und zweimal wieder aufgebaut. Anfang des 19. Jahrhunderts gab es einen Oberhof und einen Unterhof mit jeweils drei Häusern.

Thema: Historische Grenzen und Straßen im Hohen Venn

16. Stopp: Das Ende der Reinartzhöfe

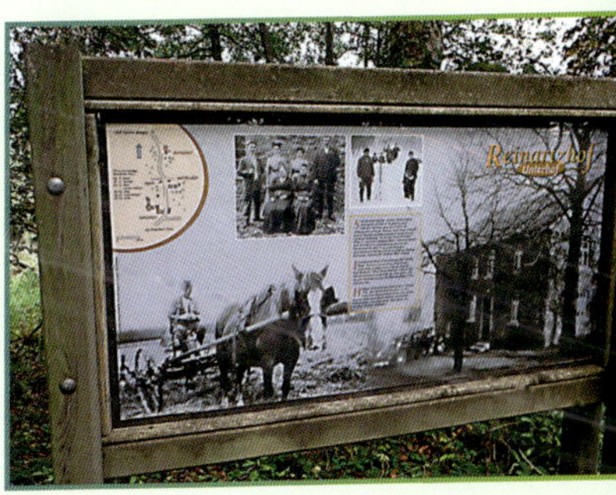

Bis in die 1960er-Jahre wurden die Reinartzhöfe noch von mehreren Familien bewirtschaftet. Fototafeln erinnern an diese Zeit. Dann wurden die Anwesen wegen einer möglichen Beeinträchtigung der Wasserqualität im Einzugsgebiet der Wesertalsperre enteignet. Die letzten Bewohner verließen 1971 die Siedlung. Zwei Jahre später errichteten Pfadfinder aus Raeren in der Mitte zwischen dem früheren Ober- und Unterhof eine kleine Marienkapelle.

17. Stopp: Das Neickenskreuz

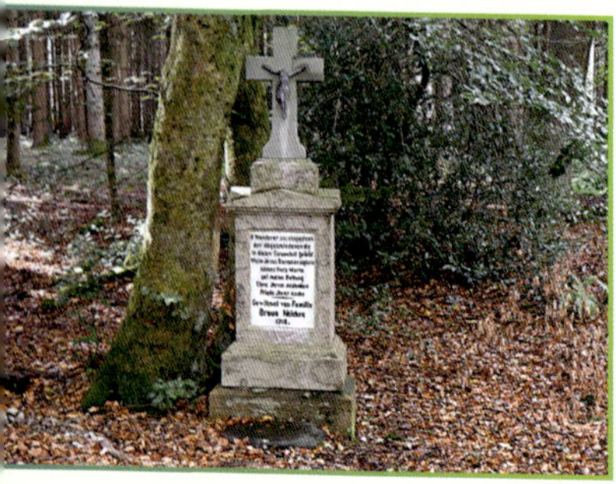

Das Wegkreuz unterhalb der Marienkapelle der Reinartzhöfe wurde 1918 von der im Unterhof lebenden Familie Neicken zum Andenken an ein verstorbenes Familienmitglied errichtet. Seine Inschrift beginnt mit: „O Wanderer, sei eingedenk der Abgeschiedenen, die in dieser Einsamkeit gelebt haben ...“

18. Stopp: Abschlussbecken des Weserkanals am Steinbach

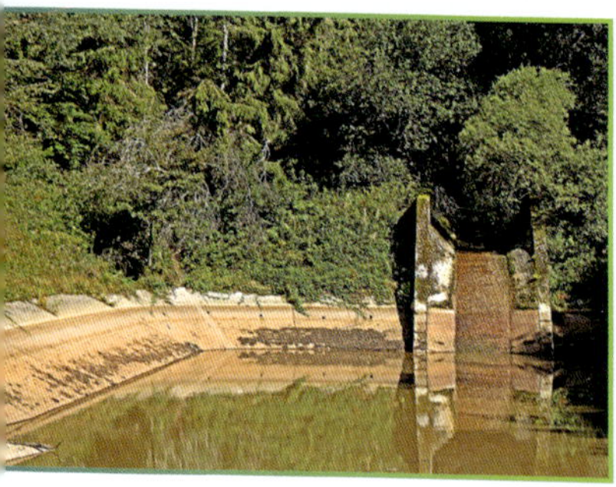

Seit 1956 regelt ein Vertrag der Bundesrepublik Deutschland mit dem Königreich Belgien die Nutzung des Quellwassers im oberen Wesertal. Das sich auf belgischer Seite im Quellgebiet der Weser sammelnde Vennwasser wird durch einen drei Kilometer langen und zwei Meter tiefen Betongraben abgefangen und bis hierher zum Steinbach umgeleitet. Mit dem Steinbachwasser gelangt es über den Eschbach zur Weser und weiter in die Eupener Wesertalsperre.

19. Stopp: Freigespülte Revin-Schichten

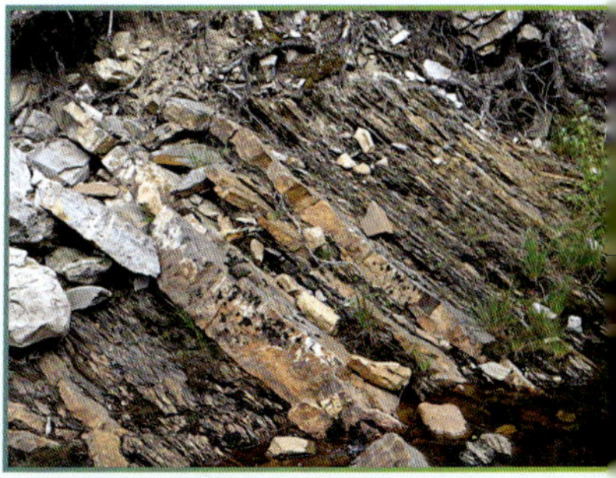

Wo der Steinbach mit seinem Frühjahrshochwasser die Revin-Schichten freigespült hat, lassen sich deren Gesteinstypen – schwarze Tonschiefer und graue Quarzitbänke – im unverwitterten Zustand studieren. Für die Geologen sind der ungewöhnlich hohe Kohlenstoffgehalt der Schiefer und die Sedimentationsmerkmale der Quarzite interessant. Sie lassen auf eine Entstehung dieser Sedimentschichten in einer planktonreichen, tieferen Meeresumgebung mit nur gelegentlicher Sandzufuhr aus umgebenden Flachwasserbereichen schließen.

20. Stopp: Östlicher Herzogenwald

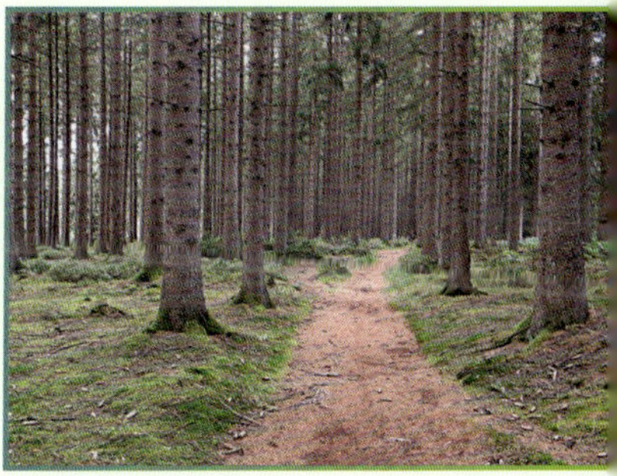

Das Waldgebiet zwischen dem Hohen Venn und der Weser gehörte urspünglich als Herzogenwald (Hertogenwald) zum Herzogtum Limburg. 1816 wurde es preußischer Staatswald. In dieser preußischen Zeit wurden hier großflächige Fichtenforsten angelegt. So besteht der östliche Herzogenwald heute zu etwa zwei Dritteln aus Nadelhölzern und zu einem Drittel aus Laubhölzern. Heute sollen Renaturierungen der Bachläufe dazu beitragen, dieses Verhältnis umzukehren.

Thema: Die Geschichte des Waldes im Hohen Venn

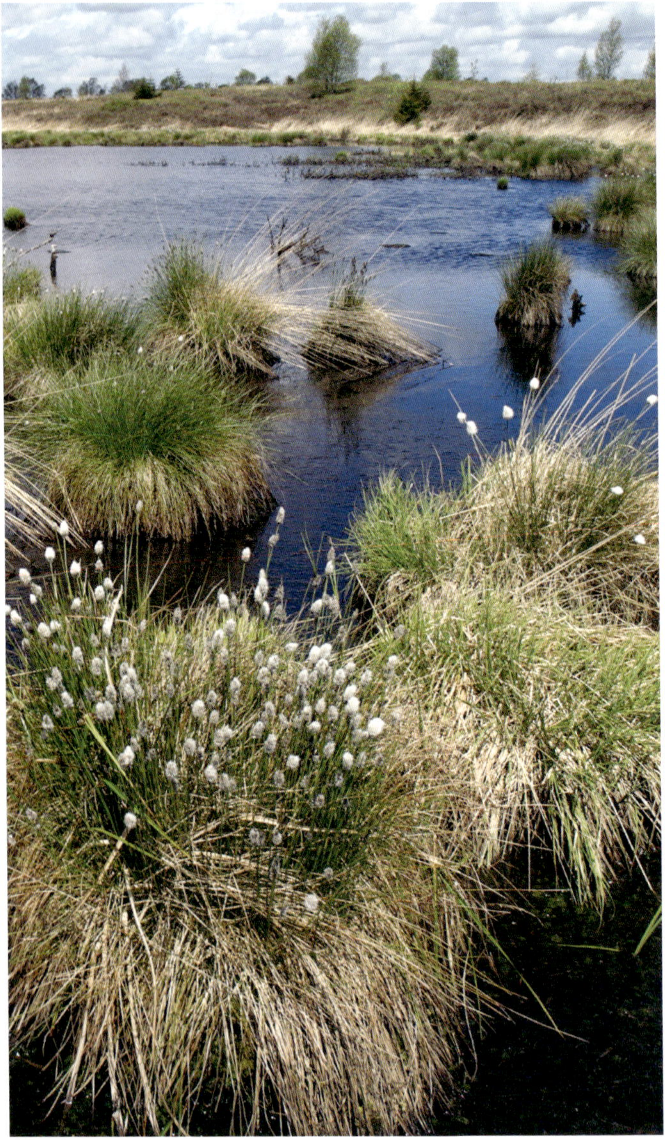

Route 3: Rundwanderung durch das Brackvenn bei Mützenich

Start und Ziel: Wanderparkplatz „Grenzweg" auf der linken Seite der L 214 von Mützenich nach Eupen, circa 250 Meter westlich der deutsch-belgischen Grenze

Dauer: 3 Stunden

Länge der Wanderstrecke: 8,5 Kilometer

Höhenunterschiede: 57 Meter

Anfahrt mit öffentlichen Verkehrsmitteln: Mützenich, Zoll; von dort circa 600 Meter Fußweg auf einem Weg direkt neben der Eupener Straße zum Wanderparkplatz

Fahrplanauskunft: www.aseag.de/fahrplan/fahrplanauskunft/

Parkmöglichkeit: Wanderparkplatz „Grenzweg"

Streckenführung:
Ein breiter Wirtschaftsweg führt in südwestlicher Richtung zum südlichen Einstieg in das Brackvenn. Dann geht es auf Holzstegen durch eine Moor- und Seeenlandschaft zurück zur Landstraße Mützenich-Eupen und weiter auf ebenso schmalen Pfaden und Stegen nach Norden in das Quellgebiet des Getzbachs. Der Weg führt weiter in Richtung Kaiser Karls Bettstatt und von dort zurück durch das Mützenicher Venn zur ehemaligen Zollstation und zurück zum Parkplatz „Grenzweg".

GPX-Daten zur Route 3

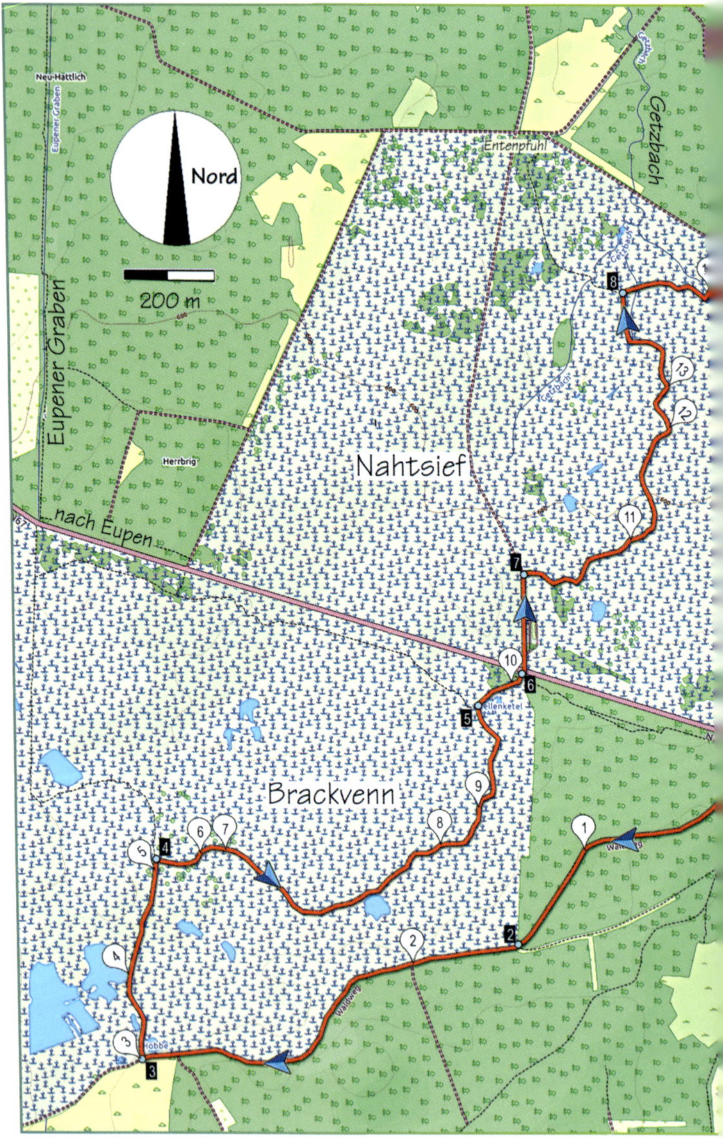
Neu-Hattlich
Nord
200 m
Eupener Graben
Herrbrig
nach Eupen
Entenpfuhl
Getzbach
Nahtsief
Brackvenn
Waldweg

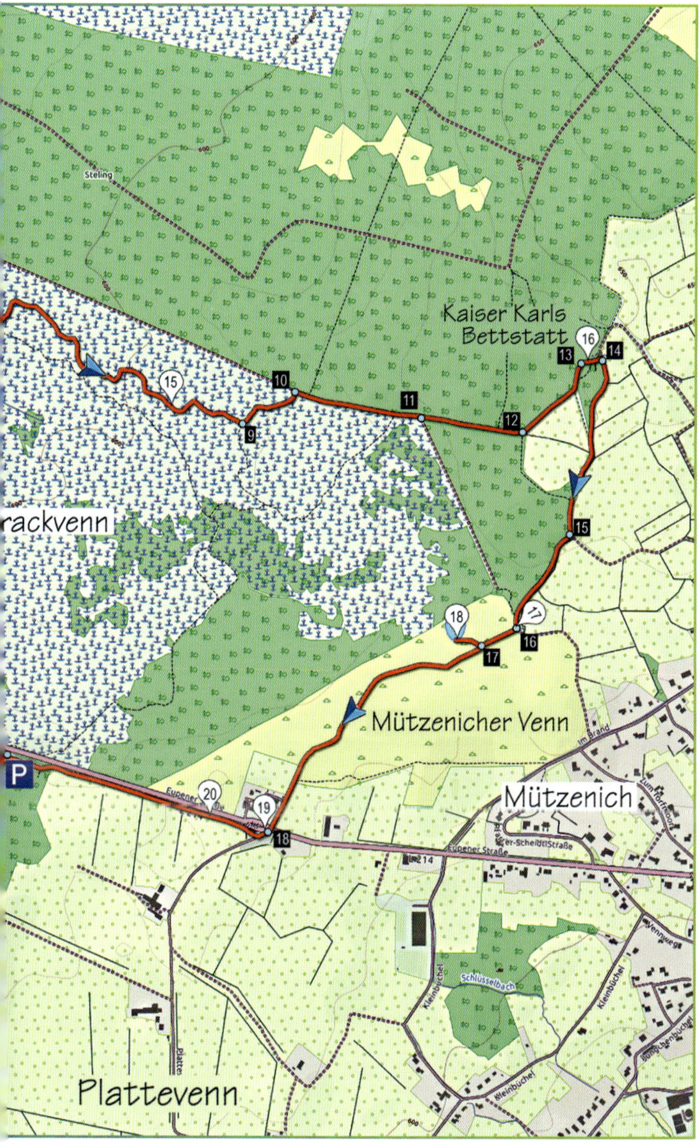
Steling
Kaiser Karls
Bettstatt
rackvenn
Mützenicher Venn
Mützenich
Im Brand
Zum Torfmoor
Eupener Straße
Vennweg
Kleinbüchel
Schlüsselbach
Plattevenn
P

Wegweiser

1	Vom Parkplatz aus einem breiten Forstweg nach links durch den Wald folgen.
2	Wo der Weg den Wald verlässt, entlang dem Südrand des Brackvenns weiter geradeaus gehen.
3	Hinter einer großen Wegkreuzung nach rechts aufwärts in das Naturschutzgebiet Brackvenn eintreten und einem Holzsteg folgen. (Wenn eine rote Fahne aufgezogen ist, ist der Eintritt und Durchgang durch das Venn verboten!)
4	Auf der Hochfläche in einen noch schmaleren Holzsteg nach rechts abbiegen und diesem bis zur Straße von Mützenich nach Eupen folgen.
5	Geradeaus zur Straße gehen.
6	Die Landstraße von Mützenich nach Eupen queren und auf dem breiten Fahrweg am Parkplatz vorbei 200 Meter geradeaus gehen.
7	Rechts durch ein kleines Tor in das nördliche Brackvenn eintreten und einem Fußpfad, teilweise mit Holzsteg, circa einen Kilometer bis zur Abzweigung eines Holzstegs in Richtung Kaiser Karls Bettstatt folgen.
8	Dem Holzsteg und später dem schmalen Pfad nach rechts in Richtung Kaiser Karls Bettstatt folgen; sich immer an den Hauptpfad halten.
9	An einem Wegweiserpfosten vor drei großen Fichten links abbiegen und einem schmalen Pfad bis zum Ausgangstor des Naturschutzgebietes folgen.
10	Auf einer breiten Schneise nach rechts aufwärts bis zu einem weiteren Ausgangstor des Naturschutzgebietes gehen.
11	Nach weiteren 280 Metern an einer Bank dem Wegweiser zu Kaiser Karls Bettstatt geradeaus durch den Wald folgen.
12	Sich am Ende des Waldwegs und dann noch einmal vor einem Grenzstein links halten.
13	An Kaiser Karls Bettstatt zur Grillhütte am Hauptweg gehen und diesem nach rechts folgen.
14	Sich rechts halten.
15	Sich weiterhin rechts halten.

Wegweiser

16	Am Holzturm nach rechts abbiegen.
17	Einen Abstecher zu einer verlandenden Lithalse machen; dann auf dem Schotterweg weiter geradeaus bis zu den Zollhäusern gehen.
18	Die Straße queren und rechts auf einem schmalen Fußweg parallel zur Straße zum Parkplatz „Grenzweg" zurückkehren.

1. Stopp: Grenznaher Fichtenwald

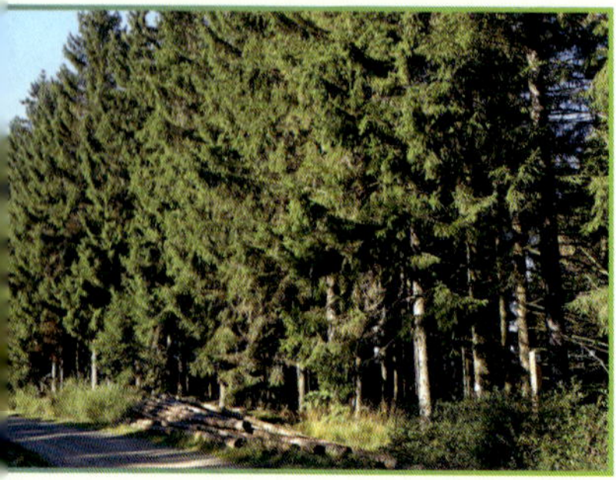

Die Wälder des Hohen Venns sind wesentlich durch Fichtenforsten geprägt. Fichten wachsen schnell und liefern ein vielseitig verwendbares Holz. Das waren die Hauptgründe für eine systematische Trockenlegung weiter Moor- und Heidegebiete im Hohen Venn gegen Ende des 19. Jahrhunderts und ihre Aufforstung fast ausschließlich mit diesem „Wirtschaftsbaum". Trotz ihrer Anfälligkeit für Baumschädlinge und Sturmschäden wurde die Fichte auch noch nach dem Zweiten Weltkrieg immer wieder nachgepflanzt.

Thema: Die Geschichte des Waldes im Hohen Venn

2. Stopp: Das Brackvenn als Naturschutzgebiet

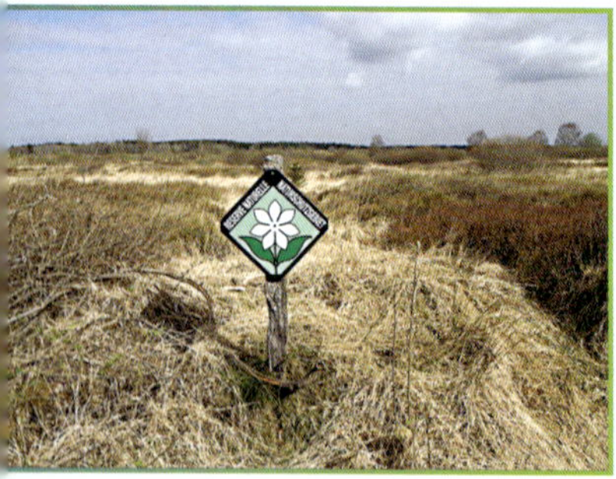

Dieser südliche Teil des Brackvenns wird heute von Pfeifengras und Heidekraut beherrscht. Auch seine Verbuschung mit Weiden und Birken ist schon weit fortgeschritten. Der Grund dafür ist die frühere Abtorfung und eine weitgehende Entwässerung dieses Gebiets. Der Europäische Siebenstern (*Trientalis europaea*) ist das Emblem für alle Naturschutzgebiete des Hohen Venns. Er ist aber selten zu finden. Sein Name leitet sich ab von seinen kleinen weißen Blüten mit meist sieben Blütenblättern.

3. Stopp: Das Brackvenn als Schutzzone B

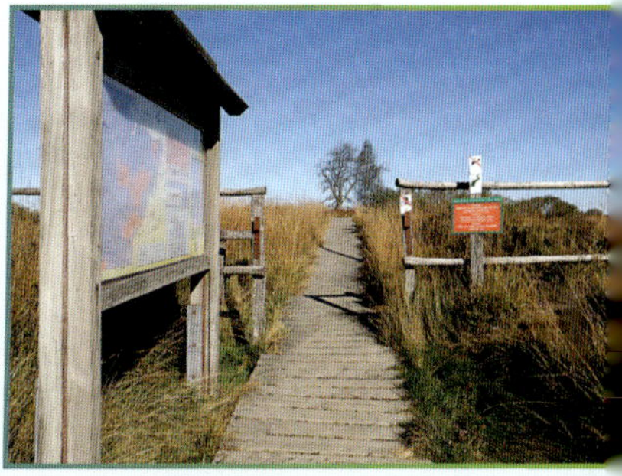

Das Brackvenn wurde 1957 zusammen mit anderen Moorgebieten des Hohen Venns unter Naturschutz gestellt. Seit 1992 ist es als Schutzzone B ausgewiesen. Das bedeutet, dass es nur auf ausgewiesenen Wegen betreten werden darf. Schutzgebiete der Zone A dieser Gliederung sind ohne Beschränkung zugänglich. Gebiete der Zone C dürfen nur in Begleitung eines anerkannten Naturführers begangen werden. Zone D ist als besonders schützenswerter Bereich für Besucher ganz gesperrt.

4. Stopp: Renaturierung der Torfmoore

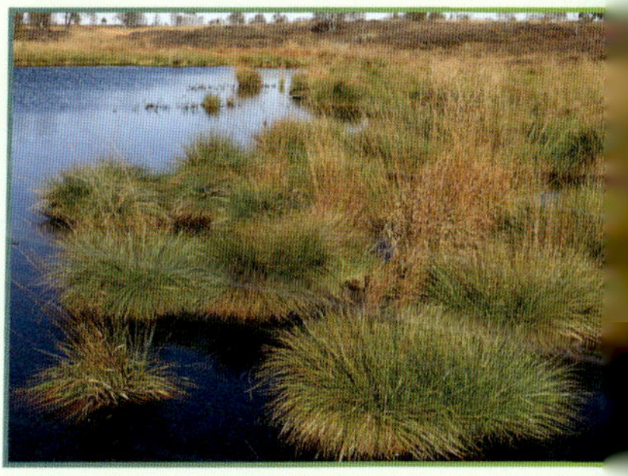

In verschiedenen ehemaligen Torfabbaugebieten versucht man heute, durch das Aufstauen des Niederschlagswassers die Ausbreitung des alles überwuchernden Pfeifengrases zu bremsen und stattdessen das Wachstum von Torfmoos (*Sphagnum*) und Wollgras zu begünstigen. Torfmoose wachsen auch unter Wasserbedeckung. Pfeifengras bevorzugt feuchte Standorte mit Luftzutritt. Auf noch trockenerem Untergrund siedeln Heidekraut, Blau- und Rauschbeeren und schließlich auch Moorweiden und Birken.

Thema: Moore und Torf im Hohen Venn

5. Stopp: Das Hochmoor

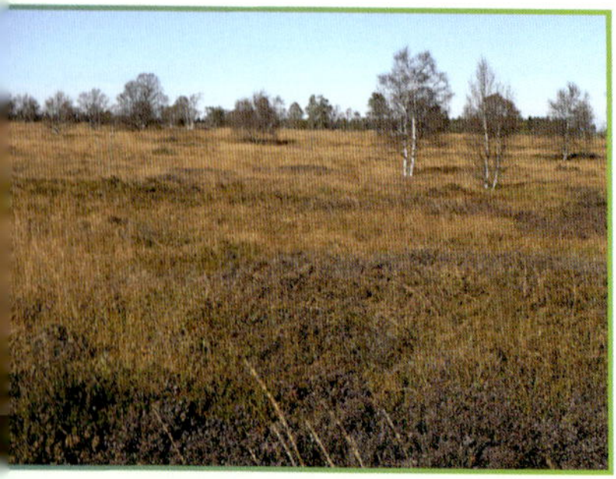

Nach Westen geht das Hochmoor des Brackvenns in das Königliche Torfmoor über, das heute unter absolutem Naturschutz steht und nicht betreten werden darf (Zone D). Die Grenze bildet der Eupener Grenzgraben. Er wurde 1774 als Grenze zwischen dem damals zu Österreich gehörenden Herzogtum Limburg im Westen und dem Herzogtum Jülich im Osten angelegt. Er steht heute unter Denkmalschutz und darf nicht verfüllt werden. Ursprünglich sollte er die Streitigkeiten um die Torfnutzung auf beiden Seiten beenden.

Thema: Historische Grenzen und Straßen im Hohen Venn

6. Stopp: Torf

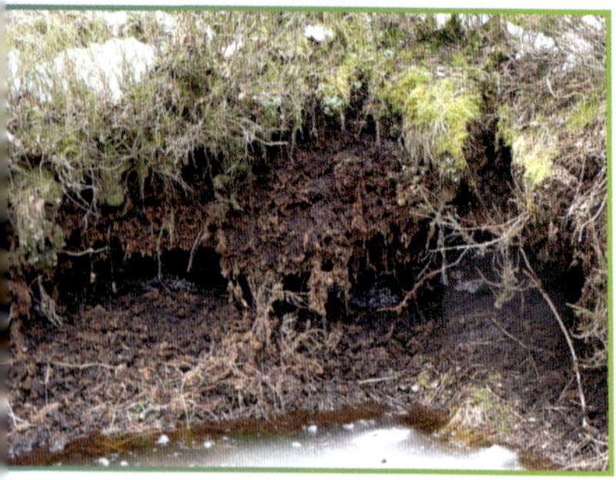

In der Steilkante eines alten Torfstichs ist schwarzbrauner Torf angeschnitten. Der biologisch-chemische Abbau seiner ursprünglich pflanzlichen Bestandteile ist schon so weit fortgeschritten, dass kaum noch einzelne Pflanzenreste als solche zu bestimmen sind. Dieser Torf entstand seit der Zeit des Atlantikums (zwischen 8.000 und 5.000 Jahre vor heute). Heute soll hier der Anstau von Niederschlagswasser zu neuer Moor- und Torfbildung führen.

Thema: Moore und Torf im Hohen Venn

7. Stopp: Renaturierung eines Torfstichs

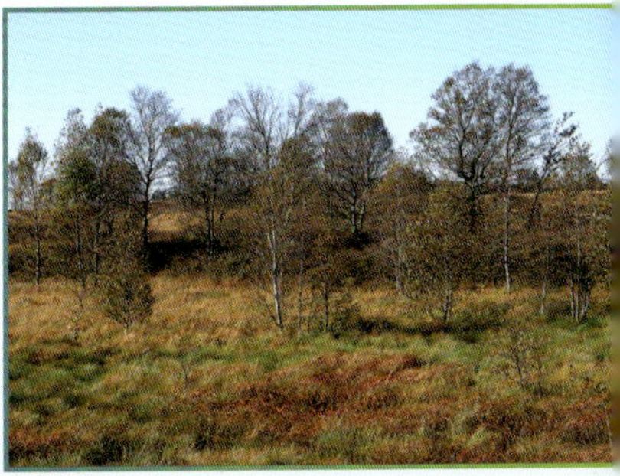

Hier verwandelt sich ein ehemaliger Torfstich durch künstlichen Wasseranstau zu einer neuen Moorfläche. Das anspruchslose Torfmoos *Sphagnum* bildet wieder dichte Polster. Dazwischen suchen sich Wollgras und Binsen ihren Platz. Bei zunehmender Trockenheit kommt es aber auch schon wieder zu einer Überwucherung durch Pfeifengras und in der Folge auch durch Heidekraut oder Farnkraut. Über der trockenen Abbauwand im Hintergrund wachsen sogar Bäume.

Thema: Moore und Torf im Hohen Venn

8. Stopp: Eine verlandende Lithalse

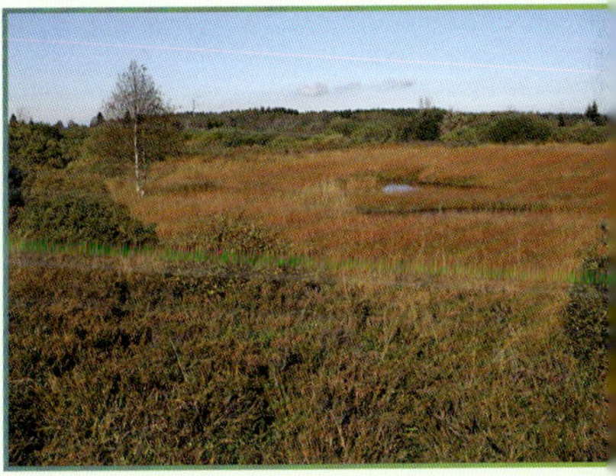

Das Brackvenn ist bekannt für seine vielen Lithalsen. Das sind flache Bodensenken mit Durchmessern zwischen 30 und 50 Metern, umgeben von einem flachen Erdwall. Die Senken entstanden in der letzten Nacheiszeit (vor circa 10.000 Jahren). In ihnen bildeten sich zuerst Niedermoore und später Hochmoore. Durch den Torfabbau wurden viele dieser Senken wieder freigelegt. Einige sind heute mit Wasser gefüllt, sodass sich wieder kleine Niedermoore bilden können.

Thema: Lithalsen im Hohen Venn
Thema: Moore und Torf im Hohen Venn

9. Stopp: Ohrweiden

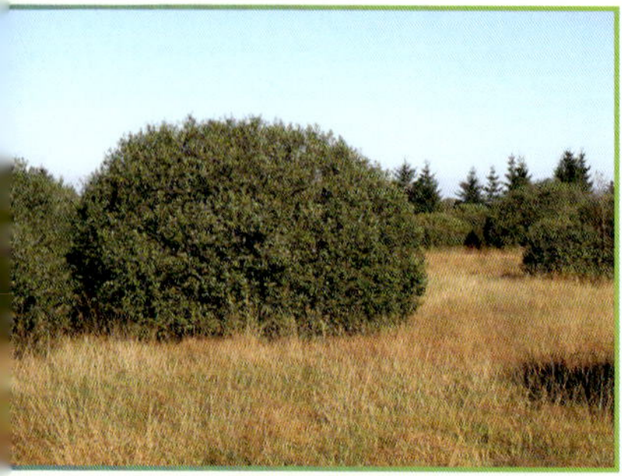

Die Ohrweiden (*Salix aurita*) verdanken ihren Namen zwei kleinen Nebenblättern, die wie kleine „Ohren" am Stil ihrer Blätter fest haften. Die breitwüchsigen sommergrünen Sträucher sind lichtbedürftig und wachsen deshalb gerne freistehend. Ohrweiden vertragen häufige Wurzelüberflutungen und gedeihen besonders gut auf nassem, saurem Untergrund, wie z. B. in Flachmooren und Quellsümpfen. Hier im Brackvenn treten sie häufig zusammen mit Grauerlen und Moorbirken auf.

10. Stopp: Ein neues Niedermoor

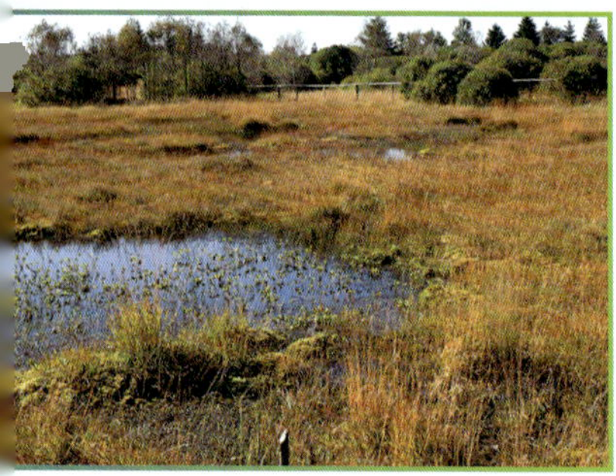

In dieser mit Wasser gefüllten Senke einer besonders großen Lithalse entsteht gerade ein neues Niedermoor. Der Ringwall aus Lehm und Gesteinsschutt ist deutlich zu erkennen. Am Rand der Wasserflächen wurzeln noch Schilf und andere anpruchsvollere Wasserpflanzen. Aus ihnen wird sich Niedermoortorf bilden. Wo der See verlandet, bilden Torfmoose und später Wollgras und Pfeifengras ein vom Grundwasserstand unabhängiges Hochmoor mit Hochmoortorf.

Thema: Lithalsen im Hohen Venn
Thema: Moore und Torf im Hohen Venn

11. Stopp: Renaturierung von Moor- und Heideflächen

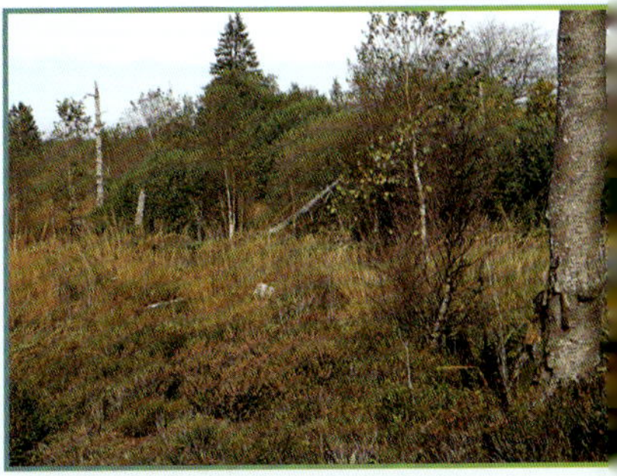

Der nördlich der Landstraße nach Eupen gelegene Teil des Brackvenns liegt etwas höher und ist deshalb trockener als der durchquerte südliche Teil. Er war früher flächendeckend mit Fichten aufgeforstet. Um neues Offenland mit Heide und dazwischen kleineren, noch vorhandenen Moorflächen zu schaffen, wurden vor wenigen Jahren alle aus früheren Aufforstungen noch verbliebenen Fichten gefällt. Schon heute schließen sich die neu geschaffenen Freiflächen wieder mit Birken und Weidengebüsch.

12. Stopp: Standort seltener Moorpflanzen

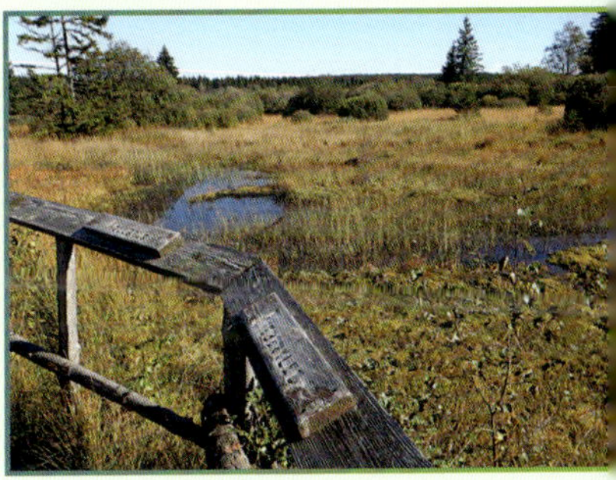

Fieberklee, Beinbrech und Sonnentau gehören zu der von Kennern geschätzten Kleinflora der Moorgebiete. Eine Aussichtsplattform über der feuchten Senke einer Lithalse verweist auf sie und auch auf das hier auf großer Fläche blühende Wollgras. Der Sonnentau blüht von März bis August, der Fieberklee von Ende April bis Juni, der Beinbrech von Juni bis Juli. Das Wollgras zeigt seine weißen Wollbäusche von April bis Juni.

13. Stopp: „Bulten" und „Schlenken"

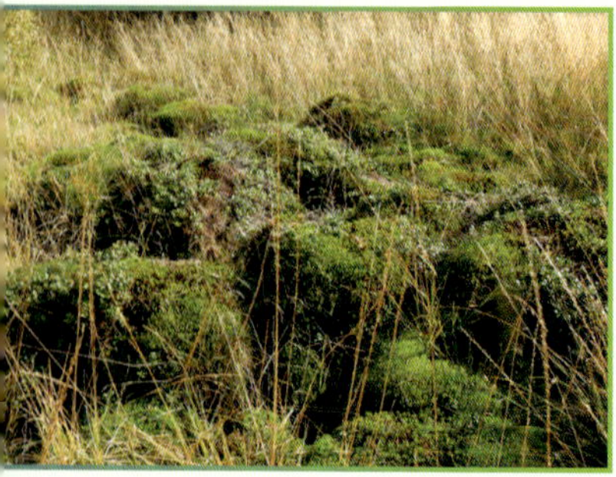

„Bulten" sind runde, bis 50 Zentimeter hohe Polster aus zunächst Torfmoosarten wie *Sphagnum*, die schneller wachsen als andere und dadurch etwas trockenere Standorte aufbauen. „Schlenken" sind kleine, wannenförmige Senken dazwischen, in denen andere Torfmoosarten langsamer wachsen und in denen sich Niederschlagswasser staut. Auf den Bulten finden bei zunehmender Trockenheit Wollgras, Pfeifengras und später Heidekraut und Moosbeeren günstige Lebensbedingungen.

Thema: Moore und Torf im Hohen Venn

14. Stopp: Ein Biberdamm im Quellgebiet des Getzbachs

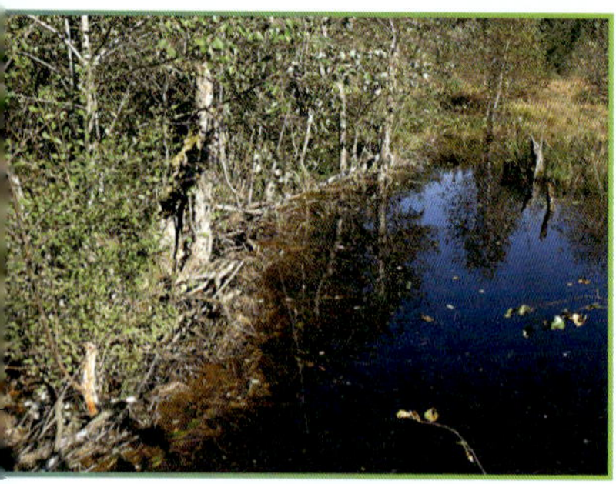

Im Rahmen von Renaturierungsmaßnahmen im Einzugsgebiet der Zuflüsse zum Getzbach wurden mit großem Aufwand frühere Drainagegräben wieder verschlossen und künstliche Dämme errichtet, um ehemalige Moorareale wieder unter Wasser zu setzen. Auf diese Weise entstanden Sumpfgebiete mit viel Totholz und auch größere Wasserflächen als Moorseen. Am Anstau solcher größeren Tümpel hatten gelegentlich auch Biber ihren Anteil.

15. Stopp: Renaturierung des Einzugsgebiets des Getzbachs

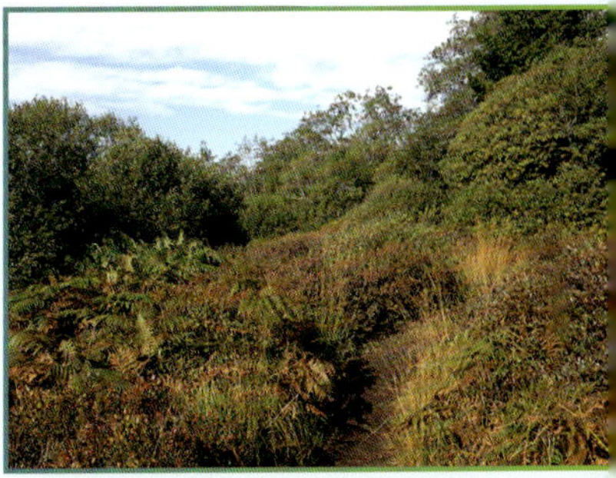

Das im Rahmen von Renaturierungsmaßnahmen von Fichten befreite und wieder vernässte Quellgebiet des Getzbachs hat sich inzwischen wieder zu einem fast undurchdringlichen Sumpfgebiet entwickelt. Beteiligt sind hauptsächlich Moorweiden, Erlen, Moorbirken und einzelne Fichten und in Bodennähe Moose, Sauergräser und Binsen in den Nassstellen und über trockenerem Untergrund Besenheide, Blau- und Rauschbeeren, Adlerfarn und gelegentlich Ginster und Brombeeren.

16. Stopp: „Kaiser Karls Bettstatt"

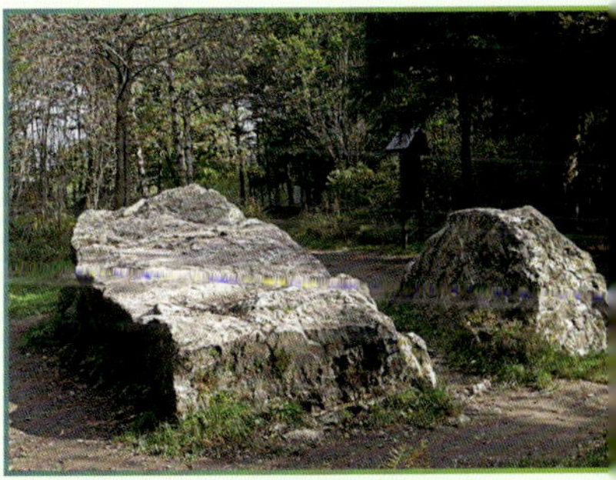

Einer von mehreren auffällig großen Quarzitblöcken erinnert in seiner Form an eine breite Liegefläche. Der Sage nach gilt er als Lagerplatz Karls der Großen, der hier im Hohen Venn oft gejagt haben soll. Geologisch handelt es sich um ein Teilstück einer besonders dicken Quarzitbank innerhalb der Revin-Schichten, das hier als Vennwacke freigespült wurde. Bereits 1205 wurden diese unverrückbaren Blöcke als Grenzsteine des Landbesitzes des Klosters Reichenstein erwähnt. Heute markieren hier deutlich kleinere moderne Grenzsteine die belgisch-deutsche Grenze.

Thema: Vennwacken im Hohen Venn

17. Stopp: Ausblick auf das Mützenicher Heckenland

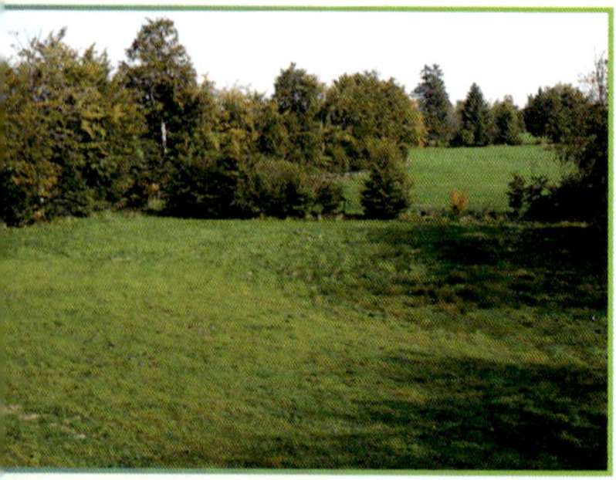

An einem Rastplatz erlaubt ein 8,5 Meter hoher hölzerner Aussichtsturm einen Blick von oben auf das Mützenicher Heckenland im Osten. Bereits in preußischer Zeit wurden hier auf dem Südhang des Stehlings große Flächen gerodeten Landes als Dauergrünland genutzt. Dieses war durch ein dichtes Netz von Buchenhecken und Buchenalleen vor dem beständig aus Westen und Südwesten wehenden Wind geschützt. In jüngerer Zeit sind viele dieser Hecken der Zusammenlegung von Grünlandflächen zum Opfer gefallen.

18. Stopp: Renaturierung des Mützenicher Venns

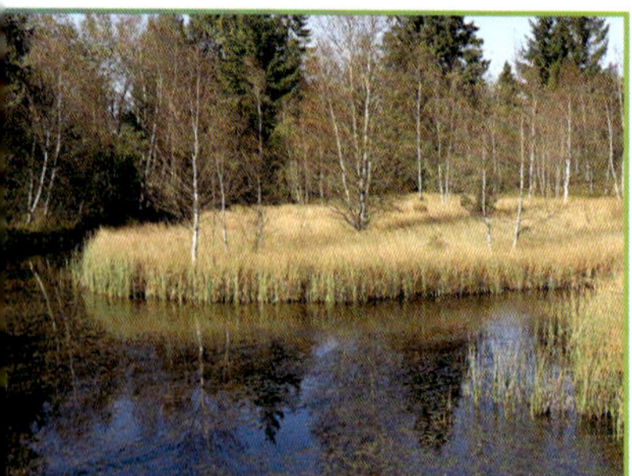

Jahrhundertelang haben die Mützenicher ihr Mützenicher Venn im Westen als Weide genutzt und Torf gestochen. Nach dem Zweiten Weltkrieg entwässerten sie es und bepflanzten es mit Fichten. Seit den 1990er-Jahren fällte man die inzwischen aufgewachsenen Fichten und verschloss die Entwässerungsgräben. So konnten sich bis heute wieder Moorpflanzengesellschaften bzw. eine moortypische Strauchvegetation ausbreiten.

19. Stopp: Ein Schmugglerdenkmal

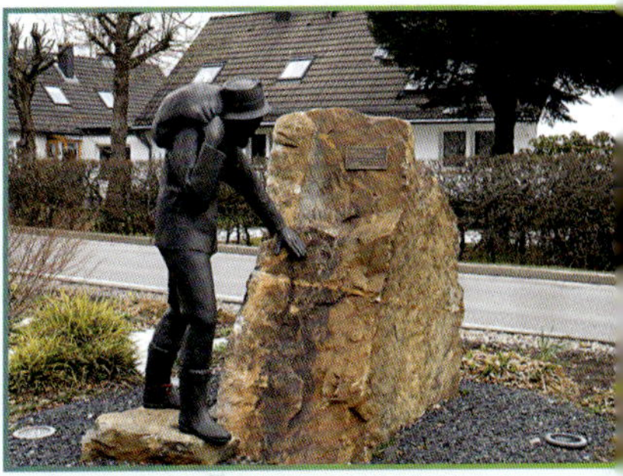

Ein Schmugglerdenkmal vor der ehemaligen Zollstation verharmlost die Situation an der deutsch-belgischen Grenze nach dem Zweiten Weltkrieg. Angefangen hatte der Schmuggel zwar mit einzelnen Waldläufern und kleinen Mengen Schmuggelgut. Bald aber schon organisierten kapitalkräftige Hintermänner den Schmuggel und es ging um viele Zentner Kaffee, die von ganzen Schmugglertrupps, darunter auch Kindern, über die Grenze getragen wurden. 1953 wurden im sogenannten Mützenich-Prozess 47 Angeklagte aus der Umgebung zu hohen Gefängnis- und Wertersatzstrafen verurteilt.

20. Stopp: Das Rodungsgebiet Platte Venn

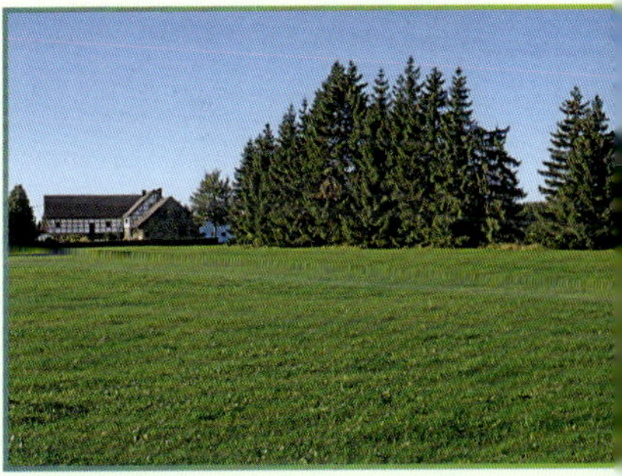

Zwischen 1905 und 1917 wurden im Platte Venn südlich der Landstraße nach Eupen neun Aussiedlerhöfe angelegt. Der Staat hatte hier von der Gemeinde Monschau größere Flächen Ödland aufgekauft und diese von Strafgefangenen mit Hacke und Schaufel einebnen, drainieren und von größeren Steinen (Vennwacken) befreien lassen. Bis 1939 wurden die Höfe als Pachthöfe betrieben. Dann gingen sie in das Eigentum der Pächter über.

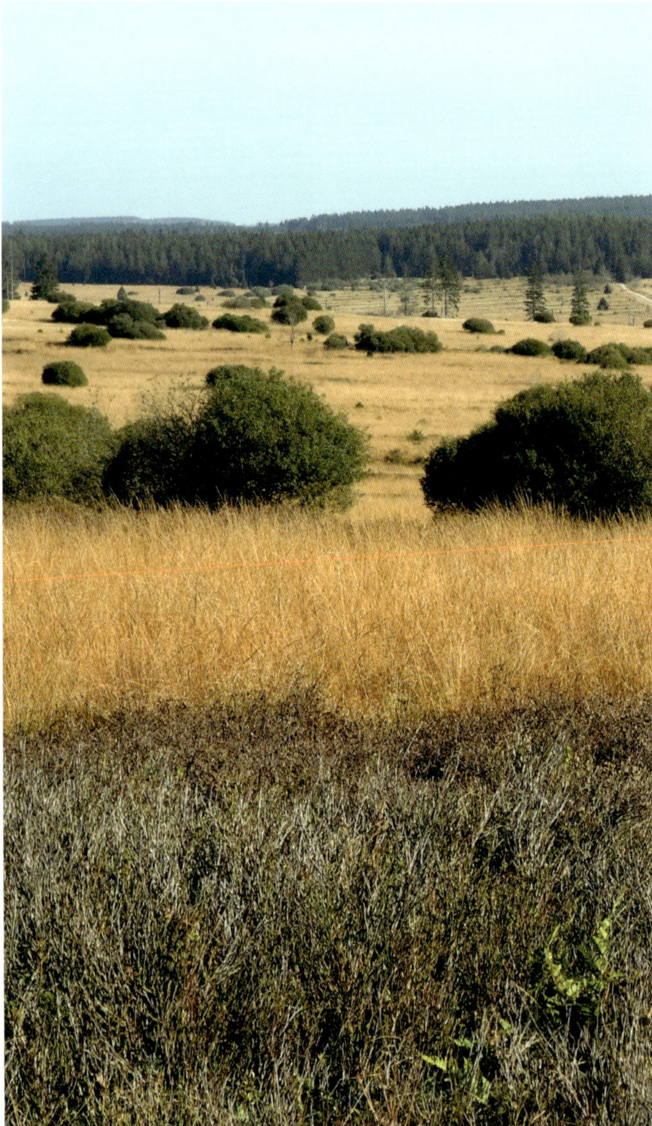

Route 4: Rundwanderung um das Wallonische Venn

Start und Ziel: Parkplatz „Botrange" an der Landstraße N 676 von Sourbrodt in Richtung Mont Rigi-Baraque Michel.

Dauer: 4 Stunden

Länge der Wanderstrecke: circa 11 Kilometer

Höhenunterschiede: 117 Meter

Anfahrt mit öffentlichen Verkehrsmitteln: Haltestelle Botrange, Signal de Botrange

Fahrplanauskunft: auskunft.avv.de

Parkmöglichkeit: Parkplatz „Botrange" an der Landstraße N 676 von Sourbrodt in Richtung Mont Rigi-Baraque Michel

Streckenführung:
Der größte Teil des Wallonischen Venns steht unter strengem Naturschutz (C-Zone). Deshalb verläuft die vorgeschlagene Route über lange Strecken entlang seinen Rändern. Sie beginnt an der Aussichtsplattform „Belvedère de Botrange" gegenüber dem Parkplatz. Von dort verläuft der Weg auf langen, geraden Forststraßen zunächst nach Süden und dann nach Osten bis zum der Botrange gegenüberliegenden Ostrand der weiten Moorfläche.

Zwischen Wald und Moor geht es dort auf breiten Randschneisen nach Norden ins Hilltal. Von dort verläuft der Weg auf Stegen und teilweise stark von Blockwerk durchsetzten Pfaden hillaufwärts wieder nach Westen in Richtung Baraque Michel. In Höhe der Hillquelle geht es wieder auf breiten Schneisen, unter anderem der sogenannten Maria-Theresia-Allee, nach Süden zurück zur Botrange.

GPX-Daten zur Route 4

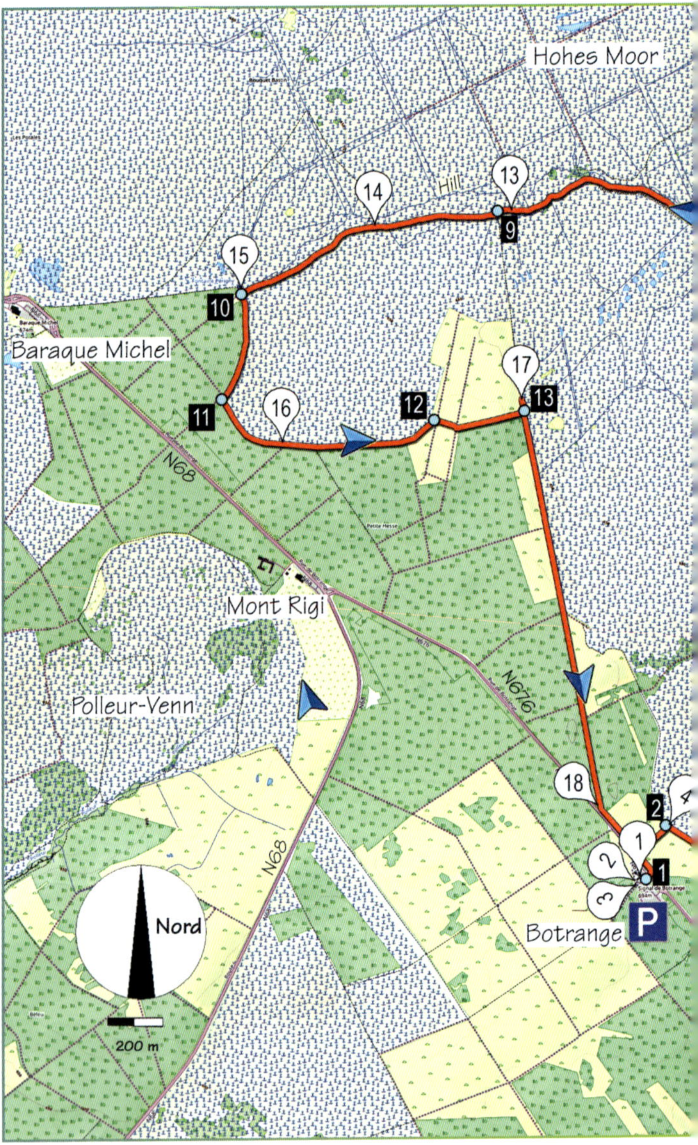
Hohes Moor
Hill
13
14
9
15
10
Baraque Michel
11
16
12
17
13
N68
Mont Rigi
N676
Polleur-Venn
18
2
4
1
1
2
3
Botrange
P
N68
Nord
200 m

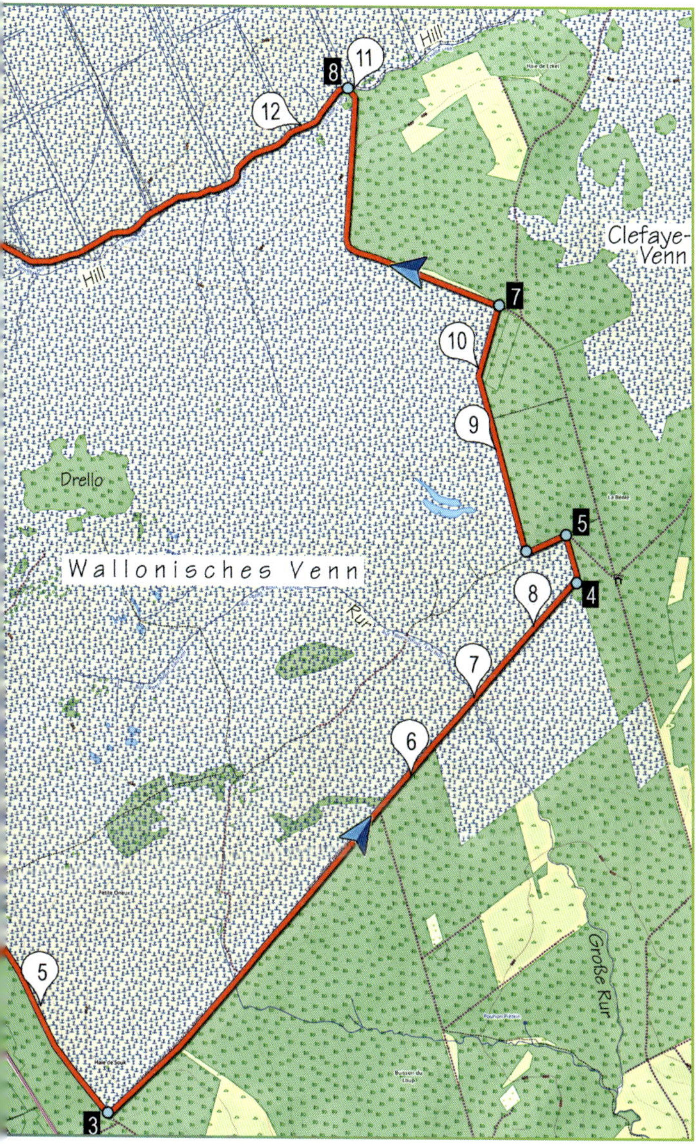

Hill
Clefaye-Venn
Drello
Wallonisches Venn
Rur
Große Rur

Wegweiser

1	Am Nordende des Parkplatzes die Landstraße queren und zunächst links und dann rechts in Richtung der Aussichtsplattform „Belvedère de Botrange" gehen.
2	Von der Plattform aus auf einer Forststraße etwa 1.200 Meter nach Süden gehen.
3	Vor dem Fichtenforst links abbiegen und einer anderen Forststraße etwa 2.500 Meter über die Rurbrücke bis an das Ende der freien Vennfläche folgen.
4	Am Ende des Schotterwegs im Wald nach links am Waldrand weitergehen.
5	Scharf links abbiegen und der Randschneise zwischen Moor und Wald weiter folgen.
6	Scharf rechts abbiegen und am Waldrand weitergehen.
7	Am Waldrand dem Wegweiser nach links ins Hilltal und bis zur Hillbrücke folgen.
8	Nach Querung der Hill auf dem Steg nach links weitergehen; dem Steg und dazwischen immer wieder einzelnen, durchaus anspruchsvollen Geröllstrecken über 2.500 Meter hillaufwärts folgen.
9	Nach dem historischen preußischen Grenzstein auf dem Steg weiter geradeaus gehen.
10	Hinter dem Ausgangstor des Wallonischen Venns nach links abbiegen und am Waldrand entlang einer breiten Schneise folgen.
11	Links abbiegen und zwischen Moor und Fichtenwald weitergehen.
12	Zwei Forstwege queren.
13	Nach rechts abbiegen und der Forststraße „Maria-Theresia-Allee" etwa 1.400 Meter zurück zur Straße N 676 folgen und zum Parkplatz „Botrange" zurückkehren.

1. Stopp: Aussichtsturm Botrange (Signal de Botrange)

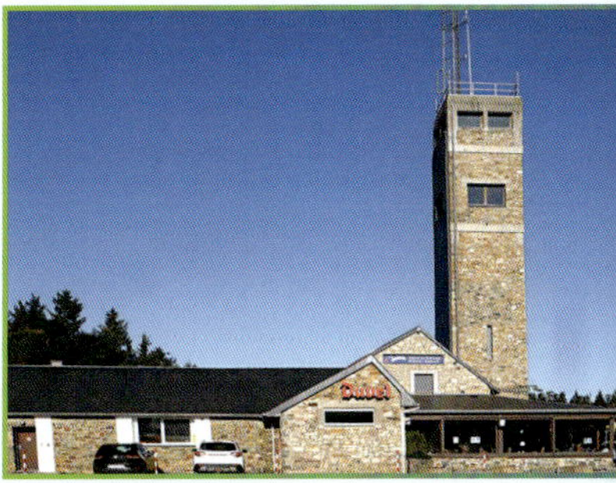

Der 24 Meter hohe Aussichtsturm und eine dazugehörende Gaststätte wurden 1934 erbaut. 86 Stufen führen hinauf zu einer Rundumsicht hinter Glasscheiben. Bei gutem Wetter reicht die Sicht weit über das Hohe Venn hinaus bis zu den Kühltürmen der Kraftwerke in der Jülicher Börde im Nordosten und zu den Kohlehalden von Lüttich im Nordwesten. Als weithin sichtbare Landmarke dient der Turm der Landvermessung als trigonometrischer Punkt zweiter Ordnung.

2. Stopp: Der Baltia-Hügel („Butte Baltia")

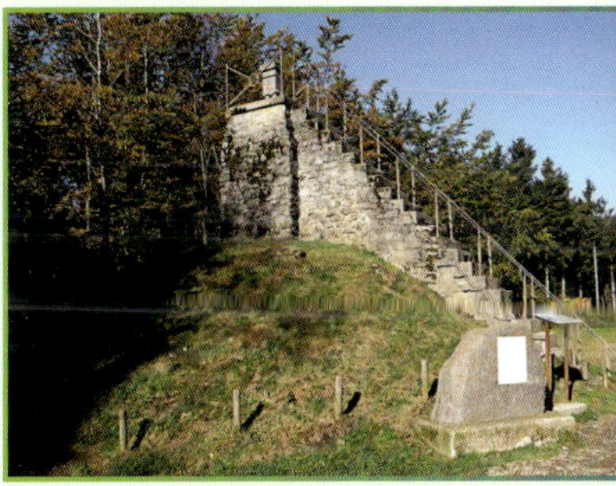

Vor dem Ersten Weltkrieg war Baraque Michel mit 674 Metern der höchste Punkt Belgiens. Als nach dem Versailler Vertrag 1919 die Kuppe der Botrange an Belgien fiel, war sie mit 694 Metern die höchste Erhebung des Königreichs. Um die 700-Meter-Marke zu erreichen, ließ der damalige Königliche Kommissar der Ostkantone, Baron Herman Baltia, 1923 einen Hügel von sechs Metern Höhe aufschütten. Dieser sollte in erster Linie als Vermessungspunkt dienen. Darüber hinaus verschaffte er aber dem Königreich auch ein bis 700 Meter hohes Relief.

3. Stopp: Die Tranchot-Pyramide

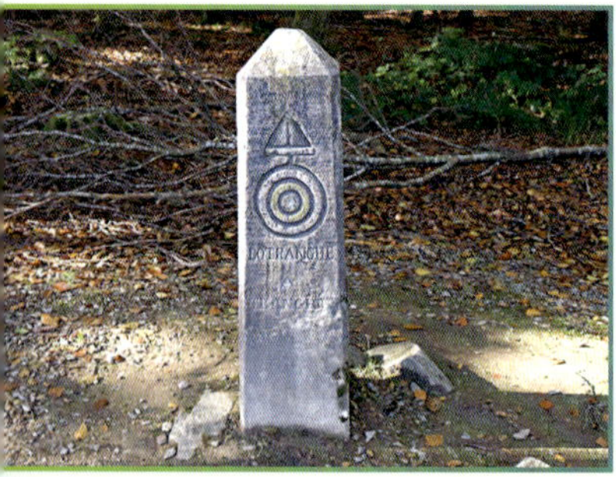

Die kleine Tranchot-Pyramide von 1810 erinnert an den französischen Vermessungsingenieur Oberst Jean-Jaques Tranchot, der zwischen 1803 und 1807 im Auftrag Napoleons großmaßstäbliche Karten der vier linksrheinischen französischen Départements anfertigen ließ. Die Kuppe der Botrange war damals ein Eckpunkt eines länglichen Vermessungsdreiecks erster Ordnung. Die beiden anderen Eckpunkte lagen im Norden auf dem Lousberg in Aachen und im Süden auf der höchsten Erhebung der Schneeeifel.

4. Stopp: Die Aussichtsplattform „Belvedère de Botrange“

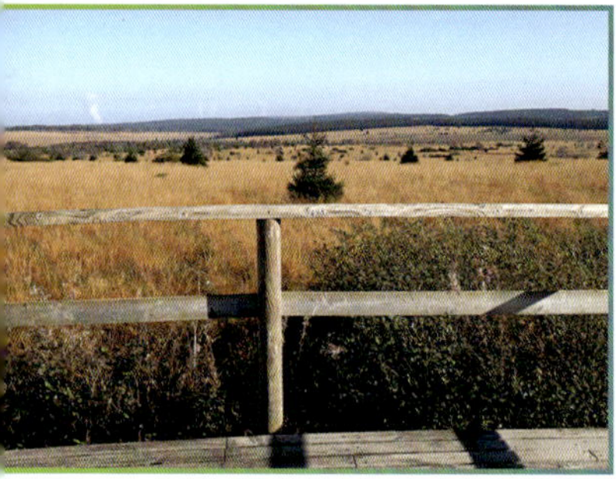

Die große freie Moorfläche des Wallonischen Venns mit ihren Baumgruppen und Einzelbüschen ist eines der schönsten und bei Wanderern beliebtesten Teilstücke des Hohen Venns. Die Bezeichnung „Wallonisches Venn“ geht darauf zurück, dass hier im späten Mittelalter wallonisch sprechende Bewohner aus Robertville ihre Viehherden weiden ließen. Politisch gehörte das Gebiet damals aber zur deutschsprachigen Gemeinde Bütgenbach. Seit dem 16. und 17. Jahrhundert nutzten deshalb Siedler aus Sourbrodt die Moor- und Heideflächen als Viehweide zur Streugewinnung und zum Abbau von Torf.

Thema: Historische Grenzen und Straßen im Hohen Venn

5. Stopp: Das Quellgebiet der Rur

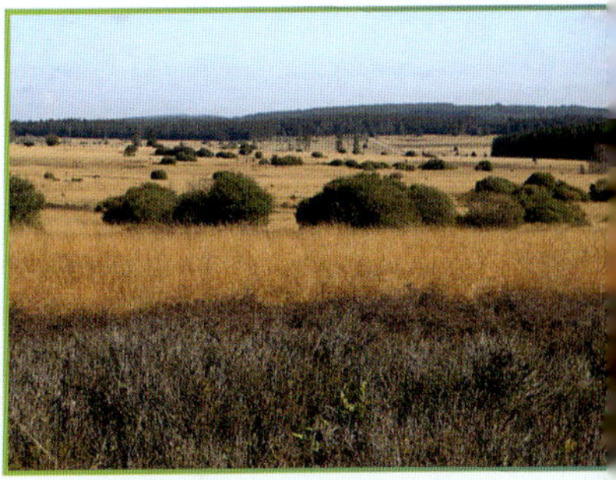

Die Pflanzenwelt des Wallonischen Venns ist auf höheren und deshalb trockeneren Standorten durch Heidekraut und Heidelbeere und gelegentlich auch Adlerfarn geprägt. In den feuchteren flachen Senken bilden Torfmoose dichte Polster mit dazwischen Wollgras und Binsen. Heute ist diese echte Moorvegetation allerdings weitgehend von Pfeifengras überwuchert. Wegen seiner seltenen Pflanzenarten und seiner Brut- und Ruheplätze von Birkhühnern darf der Innenbereich des Wallonischen Venns als Schutzzone C nur in Begleitung von Forstbeamten oder anerkannten Naturführern betreten werden.

6. Stopp: Renaturierung I

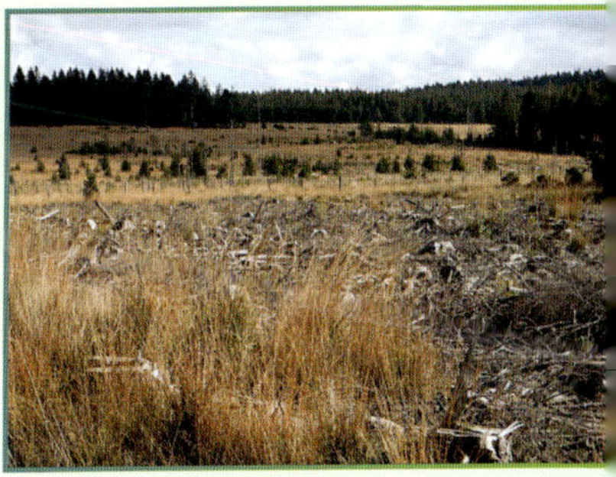

Fichtenanpflanzungen auf Torfböden haben heute nur einen geringen forstwirtschaftlichen Wert. Hier im Quellgebiet der Rur wurden auf großer Fläche Fichten gefällt, um neue Heideflächen zu schaffen oder einheimische standortgerechte Laubhölzer, z. B. Stieleichen und Moorbirken, anzusiedeln. Manchmal werden solche Einschläge eingezäunt, um die neuen Heideflächen mit Schafen oder Kühen beweiden zu können oder die Neuanpflanzungen vor Wildverbiss zu schützen.

7. Stopp: Die Rur (Roer)

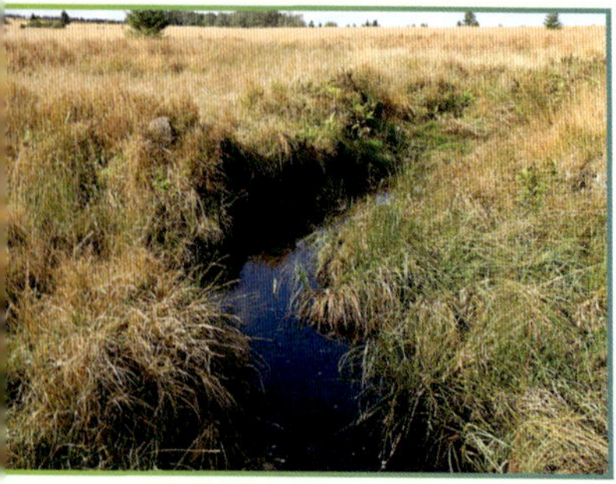

Der kleine Wasserlauf steht am Anfang der sogenannten Großen Rur. Eine punktgenaue Festlegung einer Quelle ist nicht möglich, da sich der Bach ausschließlich aus Regenwasser speist, das sich nach unterschiedlicher Verweildauer zwischen den Moorpflanzen und im Torf in kleinen Rinnsalen sammelt. Dieses Wasser, das sich über lange Zeit zwischen den Moorpflanzen und im Torf aufgehalten hat, ist extrem nährstoffarm und sehr sauer (pH-Wert 3,9).

Thema: Moore und Torf im Hohen Venn

8. Stopp: Renaturierung II

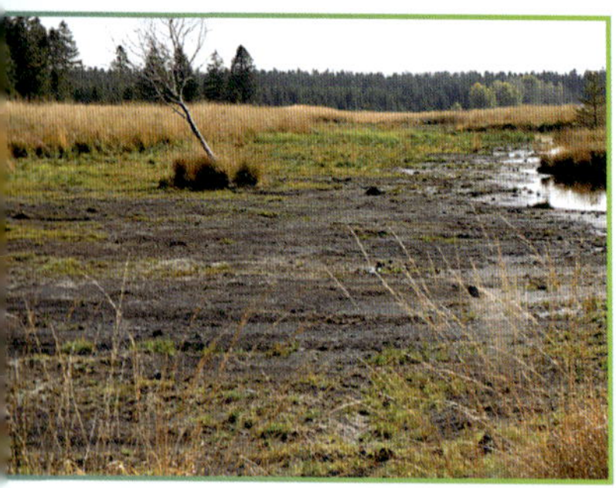

Seit der Trockenlegung des Wallonischen Venns durch Drainagegräben überwucherte dichtes Pfeifengras die ursprüngliche Moorvegetation über weite Flächen. Hier wird in breiten Streifen die oberste Bodenschicht mit Fräsmaschinen abgeschält und zerkleinert, sodass eine andere Vegetation, z. B. Heidekraut, keimen kann. Das zerkleinerte Material wird zu Wällen zusammengeschoben, die als Dämme Regenwasser anstauen. Dort gedeihen dann für nasse Torfböden typische Pflanzenarten wie Wollgras und Torfmoos.

Thema: Moore und Torf im Hohen Venn

9. Stopp: Ohrweiden

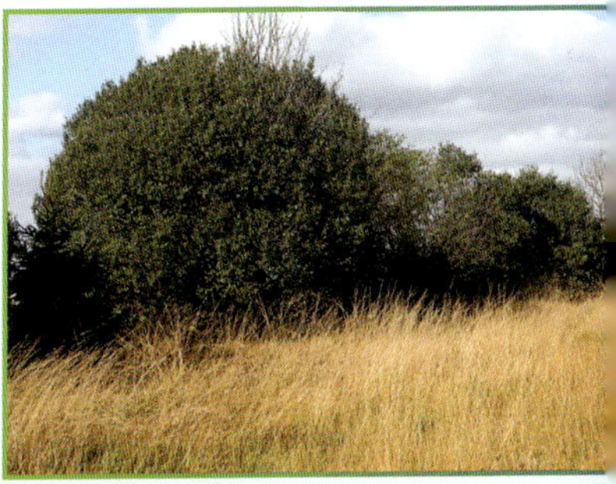

Ohrweiden (*Salix aurita*) sind im Wallonischen Venn weit verbreitet. Ihren Namen verdanken sie zwei kleinen Nebenblättern, die wie kleine „Ohren" am Stiel ihrer Blätter fest haften. Die breitwüchsigen sommergrünen Sträucher sind lichtbedürftig und wachsen deshalb gerne freistehend und nach allen Seiten gleichmäßig. Ohrweiden vertragen häufige Wurzelüberflutungen und gedeihen besonders gut auf nassem, saurem Untergrund, wie z. B. in Flachmooren und Quellsümpfen.

Thema: Moore und Torf im Hohen Venn

10. Stopp: Das Hilltal als Grenze

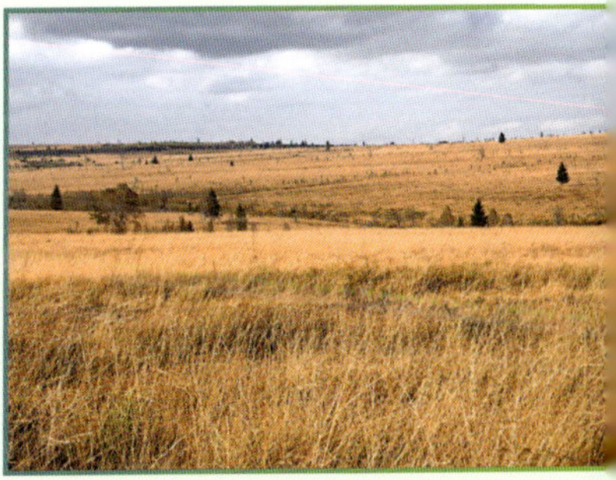

Das Einzugsgebiet der Hill zeigt bereits eine deutliche Talvertiefung. Der Bach wurde dadurch schon früh zu einer eindeutig festlegbaren Grenze. Für die Römer war die Hill die Grenze zwischen ihren Verwaltungsbereichen Tongeren und Köln. Vom Mittelalter bis zum Ende des 18. Jahrhunderts grenzten hier die Herzogtümer Luxemburg und Limburg aneinander. Nach dem Wiener Kongress 1816 markierte die Hill bis zum Ende des Ersten Weltkriegs die Grenze Preußens gegen das Königreich Belgien.

Thema: Historische Grenzen und Straßen im Hohen Venn

11. Stopp: An der Hillbrücke

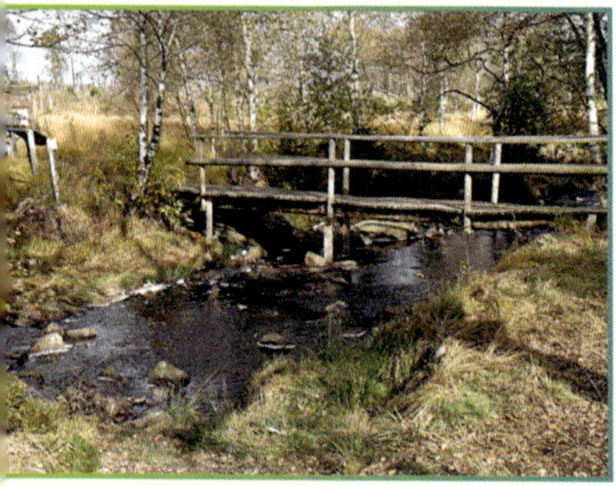

Der breite Talboden der Hill trägt die Flurbezeichnung Rakkesprée. Hier im äußersten Westen des Wallonischen Venns veranstalteten im 17. und 18. Jahrhundert die Bauern aus dem wallonischen Robertville einen jährlichen Herbstviehmarkt. Für die damalige Zeit war der Ort zentral. Er lag auf luxemburgischem Boden, nicht weit von den Grenzen der Herzogtümer Jülich und Limburg entfernt und war auch aus dem Lütticher Gebiet gut zu erreichen. Aus allen diesen Ländern liefen hier damals die Wege zusammen.

Thema: Historische Grenzen und Straßen im Hohen Venn

12. Stopp: Weißer Schaum

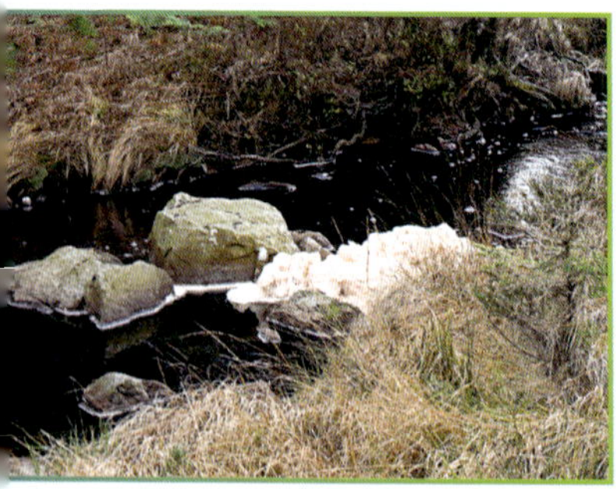

Wie in vielen anderen Vennbächen ist auch in der Hill zwischen Bachgeröllen oder anderen Hindernissen oft weißer Schaum als Zusammenschluss vieler kleinerer und größerer, im sprudelnden Wasser gebildeter Schaumblasen zu beobachten. Die Haut der Blasen besteht aus netzartig zusammengeschlossenen Huminsäure-Molekülen, die Luft zwischen sich einschließen können und auf diese Weise Blasen bilden. Hier hat sich auf der Oberfläche des ursprünglich weißen Schaums eine dünne Staubschicht gesammelt.

13. Stopp: Preußisch-belgischer Grenzstein

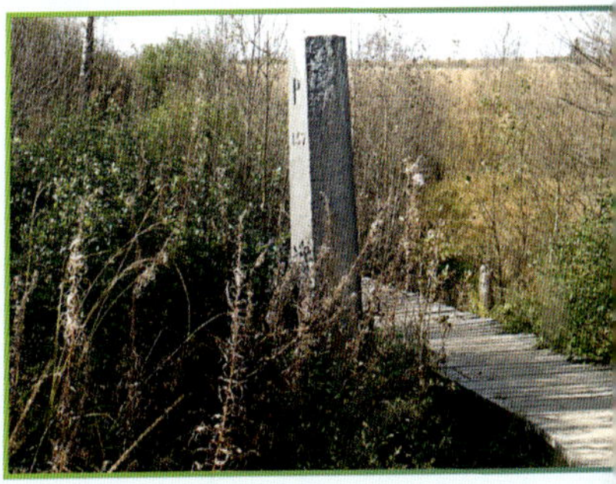

Nach den Grenzfestlegungen des Wiener Kongresses 1816 wurden entlang der deutsch-niederländischen und später deutsch-berlgischen Grenze 1,40 Meter hohe sechsseitige Grenzsteine jeweils in Sichtweite aufgestellt. Die Steinsäulen sind von der niederländischen Grenze bei Aachen bis hierher und weiter nach Malmedy durchnummeriert. Hier steht Stein „157". Nach dem Ersten Weltkrieg verschob sich die deutsch-berglische Grenze weit nach Osten und die Steine verloren ihre Bedeutung.

Thema: Historische Grenzen und Straßen im Hohen Venn

14. Stopp: Die „Via Mansuerisca"

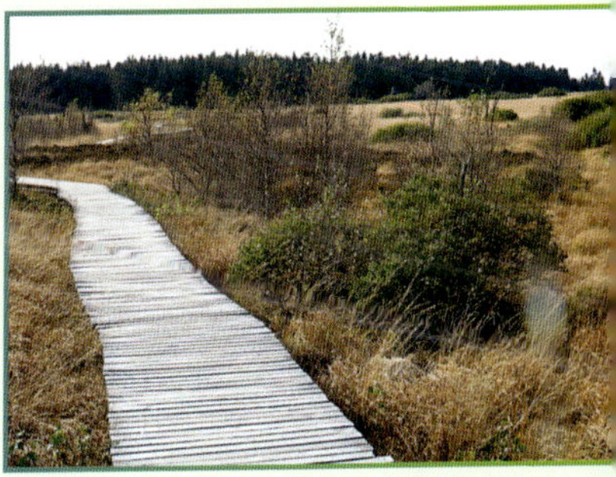

An dieser Stelle, mitten im Heide- und Moorgebiet, wurden 1932 die Reste eines sechs Meter breiten Bohlenwegs mit Steinpflaster freigelegt. Sie gehörten zu einer alten Straße quer über das Hohe Venn von Hestreux (westlich von Eupen) nach Sourbrodt. Nach neuesten Datierungen bestand sie seit dem zweiten Jahrhundert nach Christus bis in das achte Jahrhundert nach Christus. Erstmals wiederentdeckt wurde die Straße von limburgischen Forstbeamten bereits 1768.

Thema: Historische Grenzen und Straßen im Hohen Venn

15. Stopp: „Fontaine Périgny"

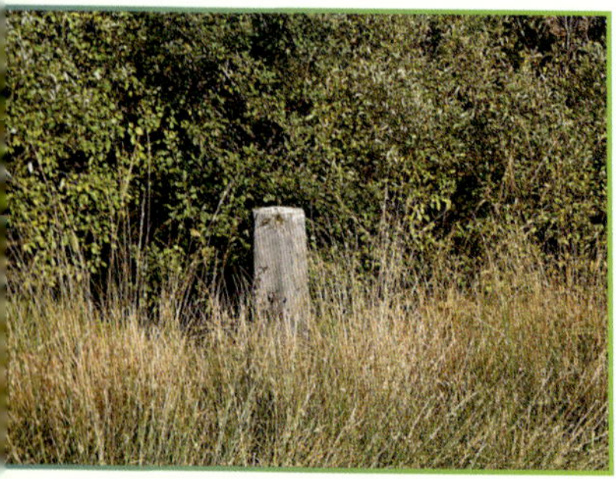

Der hier tiefer stehende preußisch-belgische Grenzstein ist von breit ausgewachsenen Ohrweiden umgeben, die hier den Moorboden und eine offene Wasserfläche verdecken. Detaillierte Vennkarten lokalisieren hier eine von zwei Hillquellen, die nach einem früheren Unterpräfekten aus Malmedy auch Fontaine Périgny genannt wird. Die Hauptquelle der Hill, auch Fontaine Verde genannt, liegt 300 Meter weiter nördlich und ist nicht zugänglich.

16. Stopp: Ein weißer Sandstein

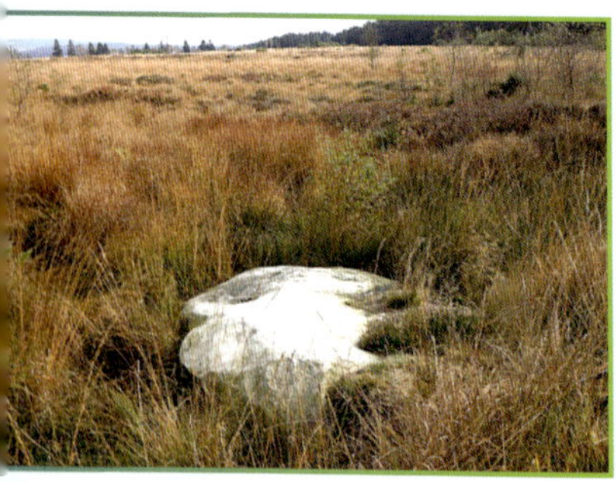

Der weiße gerundete Gesteinsblock unterscheidet sich deutlich von den vielen anderen aus dem Drainagegraben ausgeworfenen Vennwacken. Es handelt sich um einen grobkörnigen Sandstein, in dem mit bloßem Auge eine Körnung und Schichtung zu erkennen sind. Einzelne Quarzkörner erreichen sogar Kiesgröße (über zwei Millimeter Durchmesser). Dieser Block ähnelt damit tertiärzeitlichen Sandsteinen, wie sie im Südlimburger und Aachener Hügelland als „Tertiärquarzite" oder „Herzogenrather Sandstein" auftreten. Er ist ein Indiz dafür, dass das Hohe Venn wie sein nördliches Vorland vor seiner Heraushebung von einem tertiärzeitlichen Meer überflutet war.

17. Stopp: Maria-Theresia-Grenzstein

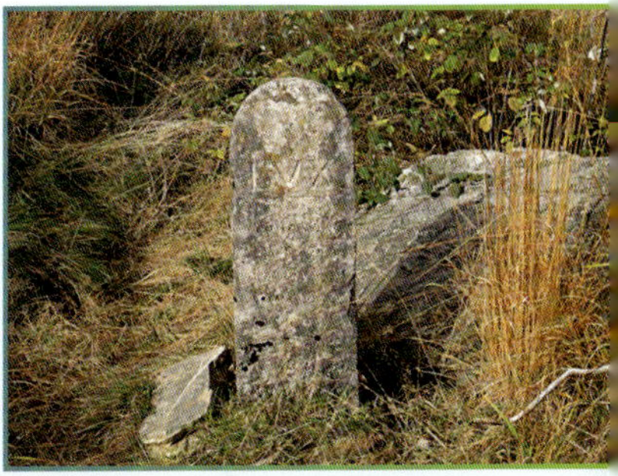

Der Grenzstein wurde 1756 gesetzt, um die Grenze zwischen einem schmalen Streifen des Herzogtums Limburg im Westen und dem damals zu Österreich gehörenden Herzogtum Luxemburg im Osten dauerhaft zu markieren. Der Stein steht in einer Linie mit einem weiteren Maria-Theresia-Grenzstein bei Stopp 15 und dem sogenannten Dreikantenstein bei Stopp 20 weiter im Süden. Der Steg und die Forststraße, die dieser Linie heute folgen, werden als Maria-Theresia-Allee bezeichnet.

Thema: Historische Grenzen und Straßen im Hohen Venn

18. Stopp: Der Dreikantenstein („Pierre à trois cornes")

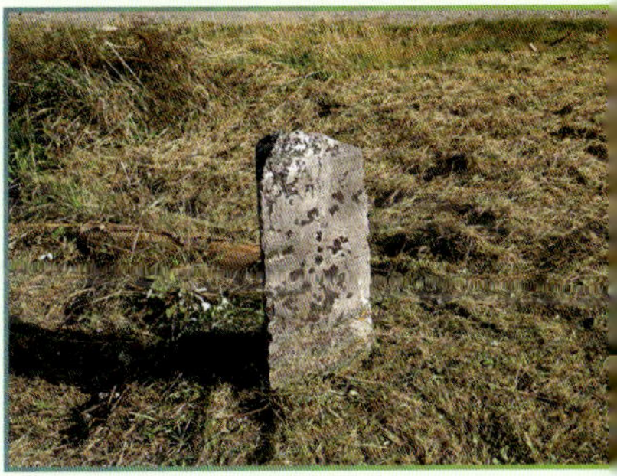

Der Grenzstein steht in dem spitzen Winkel zwischen der Landstraße N 676 von Botrange nach Baraque Michel und der von Norden kommenden Schneise der Maria-Theresia-Allee. Der 1755 gesetzte Stein trägt auf seinen drei Seiten die Inschriften Lux(emburg), Limb(urg) und Stavelot. Er steht auf der Südspitze eines schmalen Dreiecks, das das ursprünglich nur bis Baraque Michel reichende Territorium des Herzogtums Limburg bis auf die Anhöhe der Botrange erweiterte.

Thema: Historische Grenzen und Straßen im Hohen Venn

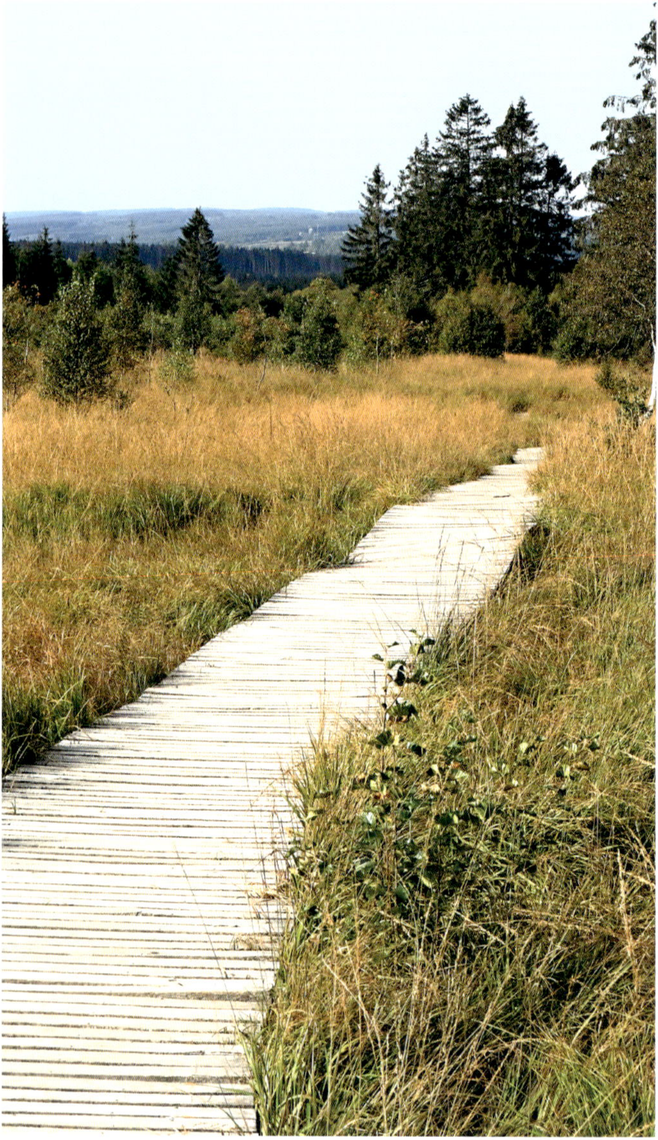

Route 5: Rundwanderung im Polleur-Venn zwischen Baraque Michel und den Sechs Buchen

Start und Ziel: Wanderparkplatz „Baraque Michel" an der Nationalstraße 68 von Eupen nach Malmedy

Dauer: 5 Stunden

Länge der Wanderstrecke: circa 15 Kilometer

Höhenunterschiede: 112 Meter

Anfahrt mit öffentlichen Verkehrsmitteln: Haltestelle Baraque Michel, arrêt TEC

Fahrplanauskunft: auskunft.avv.de

Parkmöglichkeit: Wanderparkplatz „Baraque Michel"

Streckenführung:
Die Wanderstrecke verläuft in einer weiten Vennlandschaft aus Moor, Fichtenwäldern und Rekultivierungsflächen. Von Baraque Michel aus geht es zunächst durch das Polleur-Venn zum Polleurbach und an diesem entlang zur Beleubrücke.

Von dort wechselt der Weg auf den Lonlou-Höhenrücken mit ausgedehnten Fichtenforsten und dem Setay-Venn. Vom Rastplatz „Sechs Buchen" (Six Hêtres) aus geht es durch ein weites Rekultivierungsgebiet zurück zum Polleurbach und dort auf schmalen Fußpfaden bachaufwärts wieder in Richtung Beleubrücke.

Von dort führt der Weg wieder durch Fichtenwald auf das Hochplateau des Großen Venns (Grand Fagne) und weiter auf der schnurgeraden Piste „Neue Vequée" am Kreuz der Verlobten vorbei zurück nach Baraque Michel.

Die Wanderstrecke verläuft über weite Strecken buchstäblich über Stock und Stein. Trittsicherheit und festes Schuhwerk sind erforderlich.

GPX-Daten zur Route 5

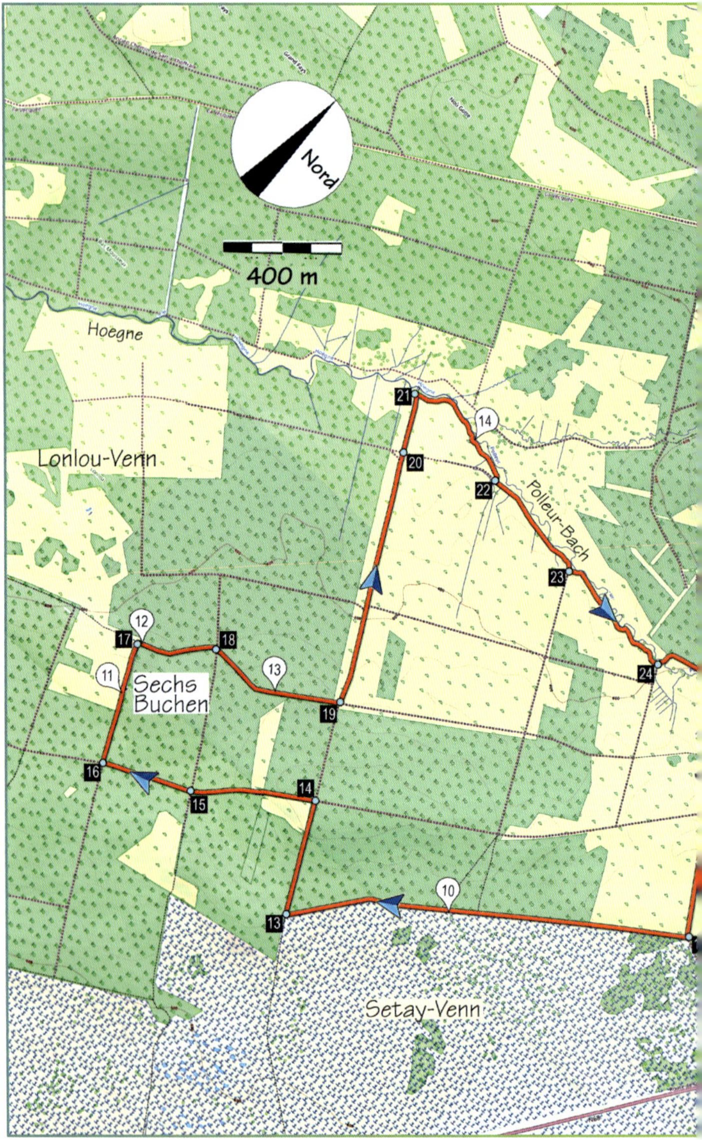
Nord
400 m
Hoegne
Lonlou-Venn
Sechs Buchen
Polleur-Bach
Setay-Venn
21
14
20
22
23
24
12
17
18
13
11
19
16
15
14
13
10

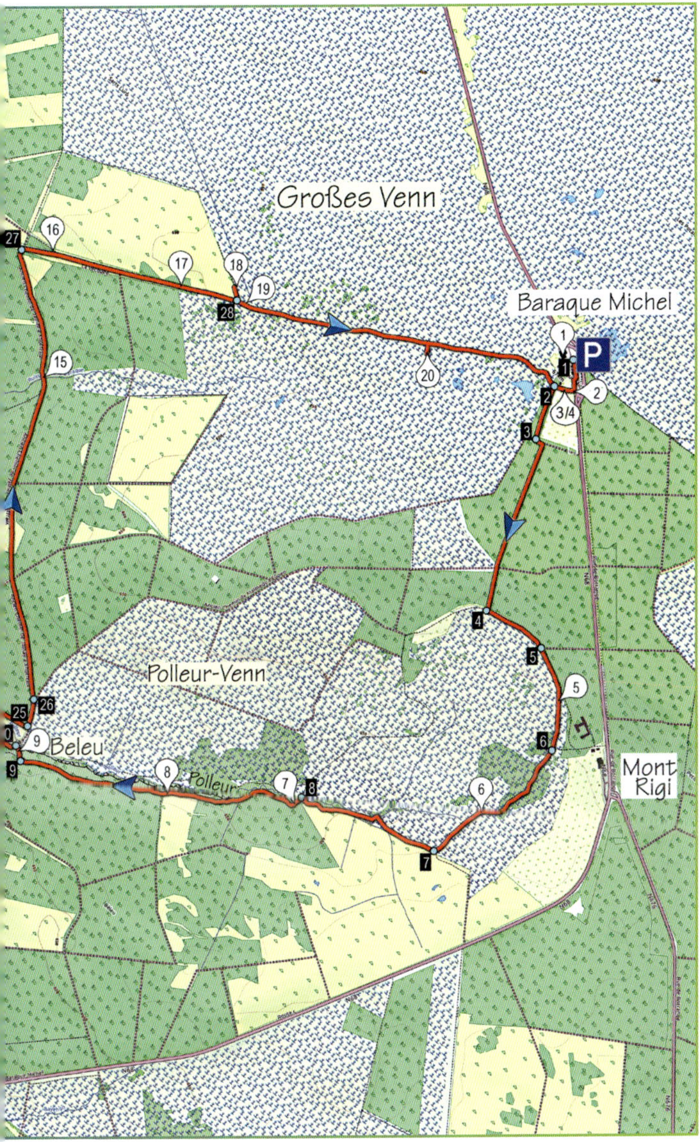
Großes Venn
Baraque Michel
P
Polleur-Venn
Beleu
Polleur
Mont Rigi
1
2
3
4
5
6
7
8
9
15
16
17
18
19
20
25
26
27
28
3/4

Wegweiser

1	Auf dem Parkplatz zwei Abstecher zu Stopp 1 und Stopp 2 machen, dann zur Fischbach-Kapelle gehen.
2	Hinter der Fischbach-Kapelle links abbiegen und in Richtung Polleur-Venn gehen.
3	Links und gleich wieder rechts weitergehen.
4	Vor dem Polleur-Venn den Weg nach links wählen.
5	Sich rechts halten.
6	Sich rechts halten.
7	Geradeaus gehen.
8	Links abbiegen und den Polleurbach queren; dem schmalen Fußweg am Bach (später hangaufwärts) folgen.
9	Rechts zur Beleubrücke absteigen.
10	Vor dem Anstieg der Forststraße nach rechts einem schmalen Wiesenweg folgen; nach circa 200 Metern auf dem gleichen Weg links hangaufwärts gehen.
11	Die Forststraße queren.
12	Nach rechts einer langen Schneise bis zum Ende folgen.
13	Rechts abbiegen.
14	Auf der Forststraße nach links gehen.
15	Auf der Forststraße weiter geradeaus gehen.
16	Rechts abbiegen.
17	Dem Wanderweg nach rechts folgen.

Wegweiser

18	Die Forststraße etwas nach rechts versetzt queren.
19	Auf der Forststraße nach links in Richtung Polleurbach gehen.
20	Auf dem Wiesenweg bis zum Polleurbach gehen.
21	Wenige Meter vor dem Polleurbach nach rechts einem schmalen Fußpfad durch den uferbegleitenden Birkenwald folgen.
22	Der Forststraße nach links folgen.
23	Wieder in den uferbegleitenden Birkenwald eintreten und dem schmalen Fußpfad folgen.
24	Den Polleurbach über eine Brücke queren und nach wenigen Metern auf einer Schneise nach rechts gehen.
25	Auf der Forststraße nach links gehen.
26	Halb links auf einen breiten Wiesenweg entlang einer Waldschneise abbiegen und diesem Weg bis auf die Höhe folgen.
27	Auf der Höhe nach rechts abbiegen und der Neuen Vequée immer geradeaus bis Baraque Michel folgen.
28	Einen kurzen Abstecher nach links zum Beobachtungsturm am Rand des Großen Venns machen; dann der Neuen Vequée weiter zum Parkplatz folgen.

1. Stopp: Baraque Michel

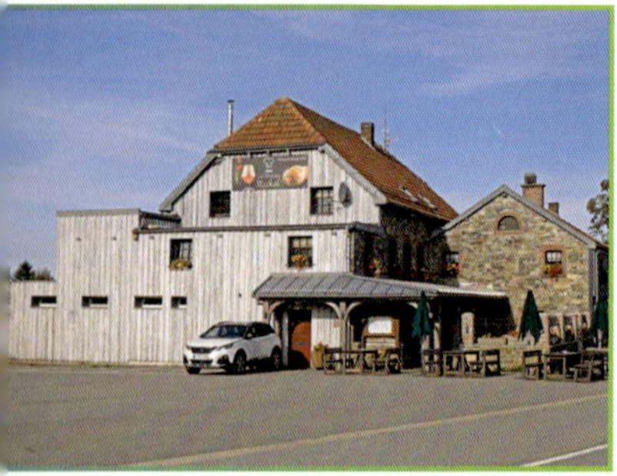

Nach der Sage verirrte sich zu Beginn des 19. Jahrhunderts ein gewisser Michel Schmitz im Hohen Venn. Er war Schneider, stammte aus Sinzig am Rhein und war in Jalhay verheiratet. In seiner Verzweiflung schwor er, im Falle seiner Rettung, eine Schutzhütte für verirrte Reisende zu errichten. Er fand einen Weg aus dem Moor zurück nach Jalhay und baute wenig später tatsächlich eine Hütte am heutigen Ort von Baraque Michel. Von hier aus rettete er vielen Verirrten das Leben.

2. Stopp: Der Boulté

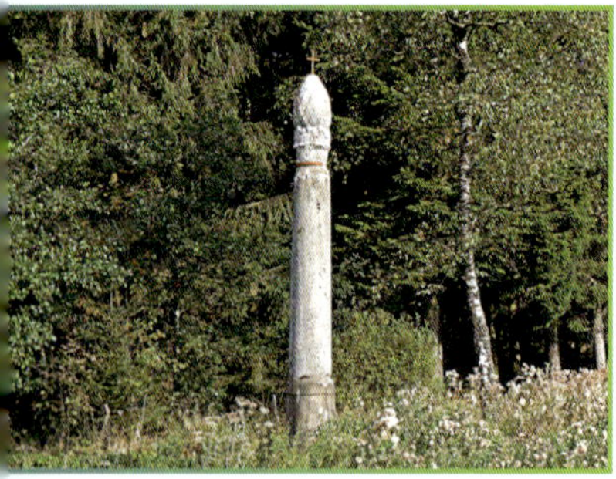

Schräg gegenüber dem südlichen Ende des Parkplatzes von Baraque Michel steht eine 4,5 Meter hohe Säule aus Blaustein (Kalkstein) mit einem Pinienzapfen obenauf. Die Säule wurde 1566 wahrscheinlich als Wegzeichen am Handelsweg von Sourbrodt über Jalhay nach Limburg aufgestellt. Mehrfach wurde sie im Lauf ihrer Geschichte umgeworfen. 1947 veranlasste die Gesellschaft Amis de la Fagne ihre Rekonstruktion. Ob der Pinienzapfen an ihrer Spitze ursprünglich zu dieser Säule gehörte, ist ungewiss.

Thema: Historische Grenzen und Straßen im Hohen Venn

3. Stopp: Die Kapelle Fischbach

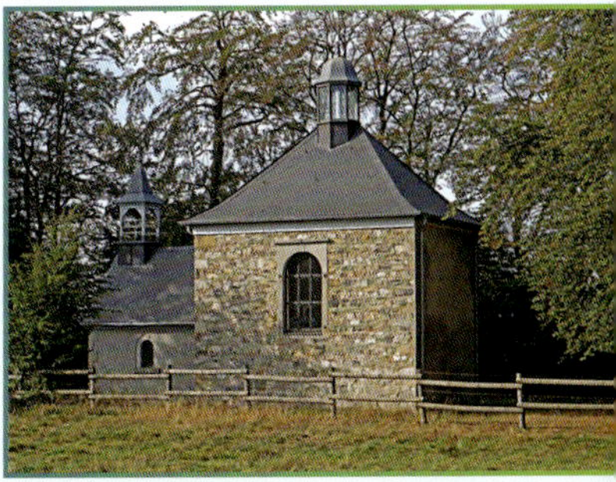

Unter den vielen von der Familie Schmitz im Hohen Venn Geretteten war auch ein Bürger aus Malmedy, Henri de Ronchêne. Dessen Schwiegersohn, genannt Chevalier Fischbach, ließ 1830 neben der Herberge der Familie Schmitz eine Kapelle errichten, auf deren Türmchen jede Nacht eine Laterne entzündet wurde, um den Reisenden den Weg zu weisen. 1885 kam noch ein kleinerer Vorbau mit einer Glocke für nebelige Tage hinzu.

4. Stopp: Gedenkstein gegenüber der Fischbach-Kapelle

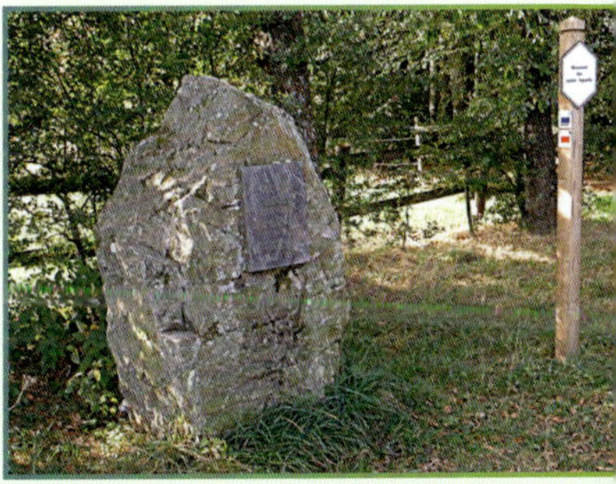

Eine Gedenkplatte an einem großen Quarzitblock erinnert an vier Personen, die sich um das Hohe Venn besonders verdient gemacht haben: Albert Bonjean aus Verviers (1858-1939) gründete 1910 den ersten Verein zum Schutz des Hohen Venns. Marie-Anne Libert aus Malmedy (1782-1865) beschrieb bereits im 19. Jahrhundert die Moose des Hohen Venns. Abbé Joseph Bastin aus Sourbrodt (1870-1939) entdeckte 1932 die Überreste der Via Mansuerisca. Von Abbé Francois Toussaint aus Weismes (1882-1964) stammen viele historische Studien über das Hohe Venn.

5. Stopp: Die Wetterstation Mont Rigi

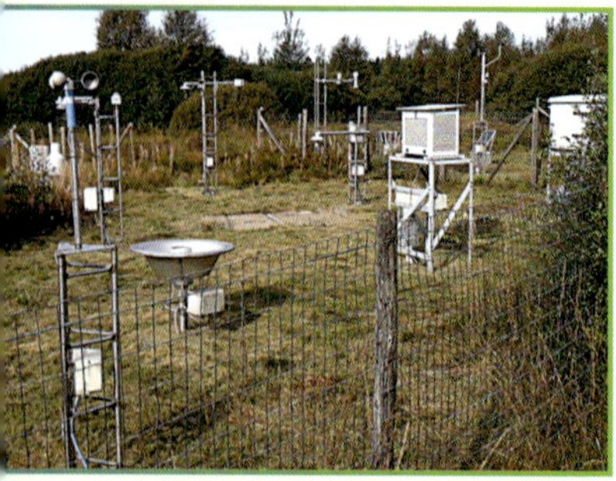

Neben dem ehemaligen Restaurant Mont Rigi an der Nationalstraße 68 bestand bis vor wenigen Jahren eine Forschungsstation der Universität Lüttich. Dazu gehörte auch diese Wetterbeobachtungsstation. Noch heute werden hier täglich Windgeschwindigkeit, Luft- und Bodentemperatur, Niederschlagsmenge, Bewölkung, Schneefälle und auch Luftschadstoffe gemessen und unmittelbar an das Belgisch-Königliche Institut für Meteorologie übermittelt.

6. Stopp: Ein gestörtes Hochmoor

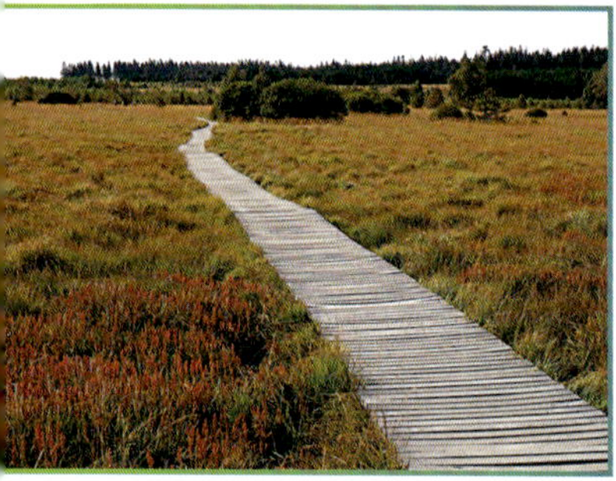

Wie alle Vennlandschaften ist auch das heutige Polleur-Venn keine ursprüngliche Naturlandschaft mehr. Seit dem Mittelalter prägten hier Torfabbau und Viehweide das Bild. Der Torf eines zentralen Hochmoors ist größtenteils abgebaut. Hier hat das Pfeifengras die bodenständige Vegetation inzwischen weitgehend verdrängt. Da es selbst keine torfbildende Pflanze ist, wächst das Moor also nicht weiter. Nur in der Nähe offener Sickerstellen des Wassers halten sich noch isolierte Vorkommen von Beinbrech und Wollgras.

7. Stopp: Der Polleurbach

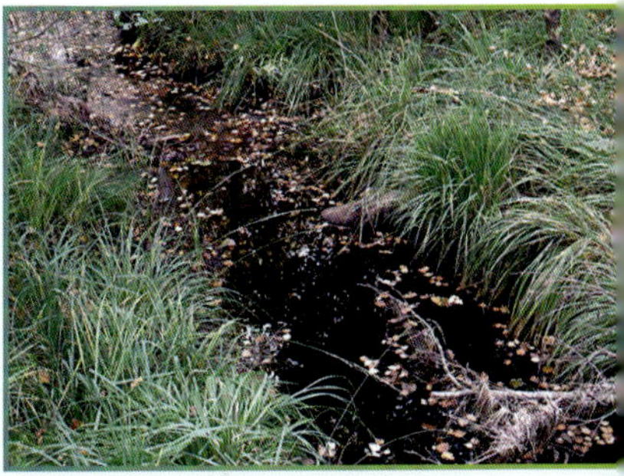

Das aus dem moorigen Umfeld dem Polleurbach zusickernde Wasser ist durch seinen hohen Gehalt an Huminsäuren und Torfbestandteilen braun gefärbt. Es ist zudem extrem mineralarm und extrem sauer (pH-Wert: 3,7-4,2). Deshalb sind Pflanzen auf nur wenige Algen und Moose beschränkt, und aus der Tierwelt findet man höchstens wenige wirbellose Arten. Fische gibt es nicht. Nach stärkeren Regenfällen zeigen sich an Bachstellen mit sprudelndem und wirbelndem Wasser weiße Schaumballen. Auch hier sind Huminsäuren im Moorwasser die Ursache.

8. Stopp: Das asymmetrische Polleurtal

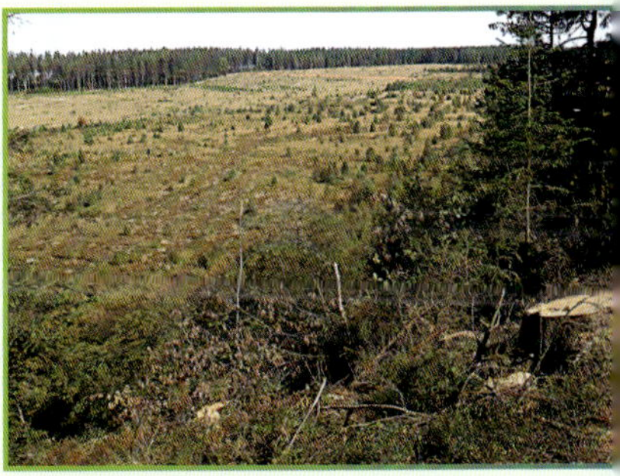

Vom steilen Südhang des Polleurtals blickt man auf dessen viel flacheren (circa zwei Grad) Nordhang mit dem eigentlichen Polleur-Venn. Diese Talasymmetrie bildete sich bereits in der letzten Kaltzeit (Weichsel-Kaltzeit) und Nachkaltzeit heraus. Im Sommer war der schneebedeckte Nordhang besonders stark der Sonneneinstrahlung ausgesetzt, sodass die wassergesättigten obersten Bodenschichten über dem noch nicht aufgetauten Dauerfrostboden schon bei sehr geringem Gefälle in Talrichtung zu rutschen begannen (Bodenfließen, Solifluktion).

9. Stopp: Schieferwand an der Beleubrücke

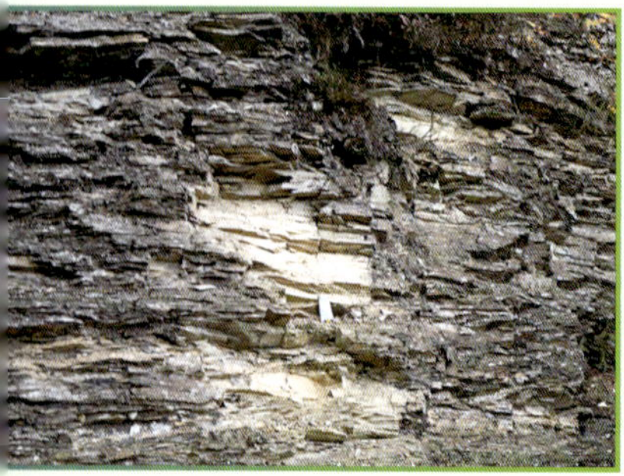

Hinter der Schutzhütte an der Beleubrücke treten in einer mehrere Meter hohen Wand Tonschiefer der Revin-Schichten (Kambrium-Zeit) zutage. Es sind schwarze, verhältnismäßig weiche, blättrig spaltende Tonschiefer, die zusammen mit graublauen, von weißen Quarzgängen durchzogenen, sehr harten Quarzitbänken den Untergrund des gesamten Hohen Venns bilden. Die Tonschiefer verwittern von der Oberfläche her zu gelblich-weißem Ton. Er ist der Grund für die Wasserundurchlässigkeit des Bodens im Hohen Venn.

10. Stopp: Das Setay-Venn

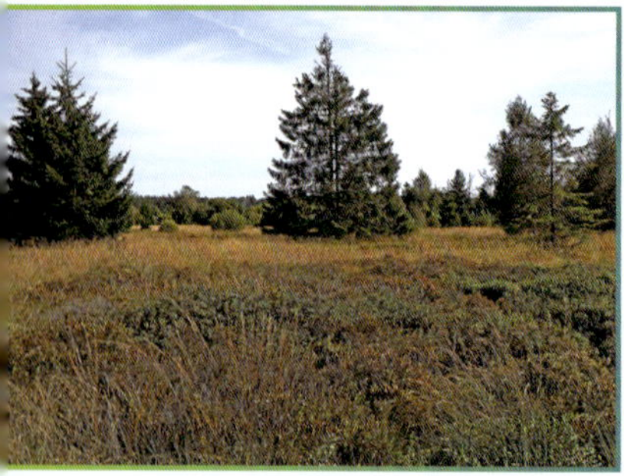

Dieses zwischen einer langen Wiesenschneise und der Nationalstraße von Mont Rigi nach Malmedy gelegene Vennstück ist heute ein inaktives Moor. Pfeifengras und Halbsträucher wie Blaubeere und Rauschbeere bestimmen das Bild, dazwischen einzeln oder in Gruppen stehende Fichten und viel Weidengebüsch. In feuchteren Senken sammelt sich Niederschlagswasser für den Oberlauf des Trô Maret, einen der schönsten Wildbäche der Gegend.

Thema: Moore und Torf im Hohen Venn

11. Stopp: Die Sechs Buchen (Six Hêtres)

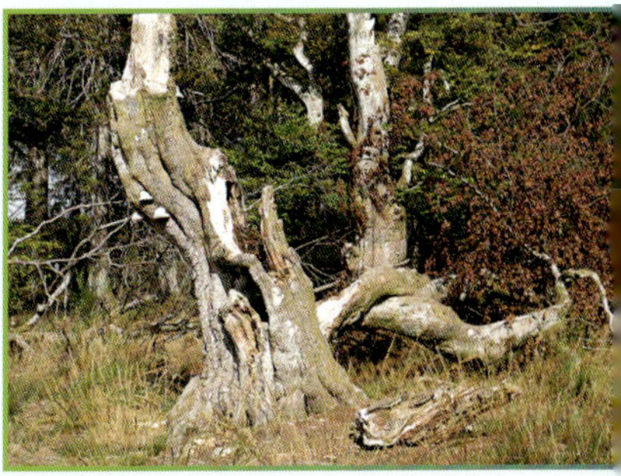

Von dem seit jeher von alten Buchen umgebenen Platz am Nordhang des Loulon-Plateaus hat man einen weiten Blick über das heute in großen Teilen entfichtete Polleurtal. Der Platz galt früher als schattiger Rastplatz für Hirten. Von den ursprünglich sechs wohl über 200 Jahre alten Buchen sind nur noch zwei lebend erhalten. Die mächtigen Stämme der vier anderen beeindrucken aber auch heute noch.

Thema: Die Geschichte des Waldes im Hohen Venn

12. Stopp: Die Alte Vequée

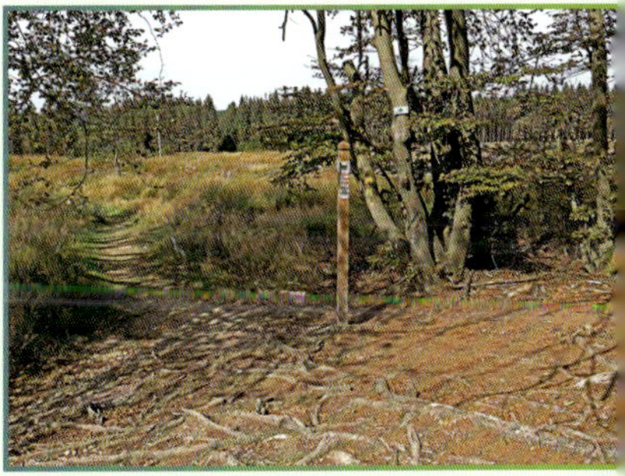

La Vequée („Bischofsstraße") war die ursprüngliche Bezeichnung für eine frühmittelalterliche Straße entlang der Südgrenze des Bistums Lüttich von Stoumont nach Longfaye. Von Hockai aus verlief sie hier über die Höhe von Lonlou. Zwischen dem 15. und 18. Jahrhundert wurde auf diesem Weg in Schleiden hergestelltes Stabeisen zu den Waffenschmieden in Franchimont und Lüttich transportiert („Eisenstraße"). Heute verläuft hier ein durchgehender Wanderweg von Hockai nach Botrange.

Thema: Historische Grenzen und Straßen im Hohen Venn

13. Stopp: Renaturierung ehemaliger Fichtenwälder

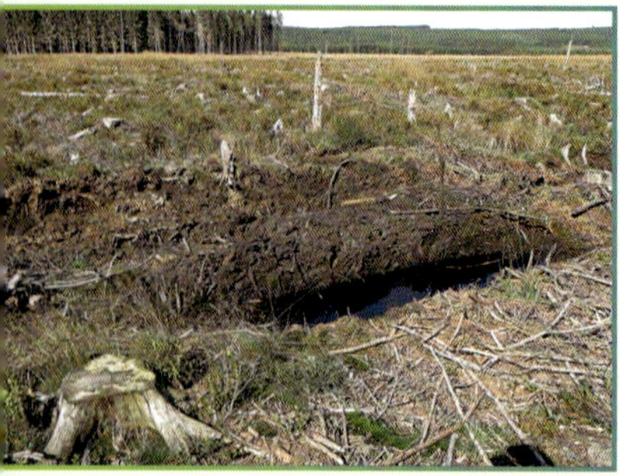

Den Untergrund bildet hier ein dunkelbrauner Torfboden. Darüber sieht man Fichtenstubben und zerkleinertes Altholz. Hier bestanden seit der Moorentwässerung in der zweiten Hälfte des 19. Jahrhunderts ausgedehnte Fichtenforsten. Heute sollen hier wieder freie Heideflächen entstehen und für das Hohe Venn typische Baumarten wie Stieleiche und Moorbirke wachsen.

Thema: Die Geschichte des Waldes im Hohen Venn

14. Stopp: Mäanderschleife im Polleurbach

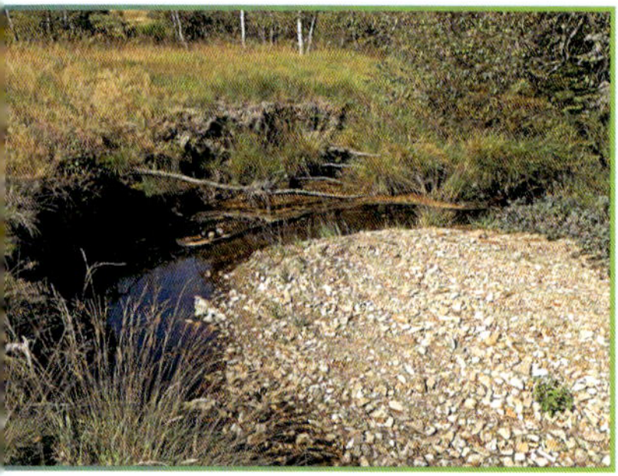

Viel Sand, Kies und auch große Quarzitblöcke haben durch eiszeitliches und nacheiszeitliches Bodenfließen die Sohle des Polleurbachtals von den Seiten her erreicht. Aber nur noch kleinkörnige Sedimentanteile werden heute durch das Frühjahrshochwasser bachabwärts umgelagert. Unter den Gesteinsbruchstücken dieses Gleithangs fanden sich auch kleine Feuersteinsplitter. Sie stammen von der Vennhochfläche, wo an verschiedenen Orten auch heute noch Reste einer ursprünglichen Überdeckung mit Feuerstein führenden Kreidekalksteinen nachgewiesen sind (vgl. Stopp 19).

15. Stopp: Vennwacken im Herbofayebach

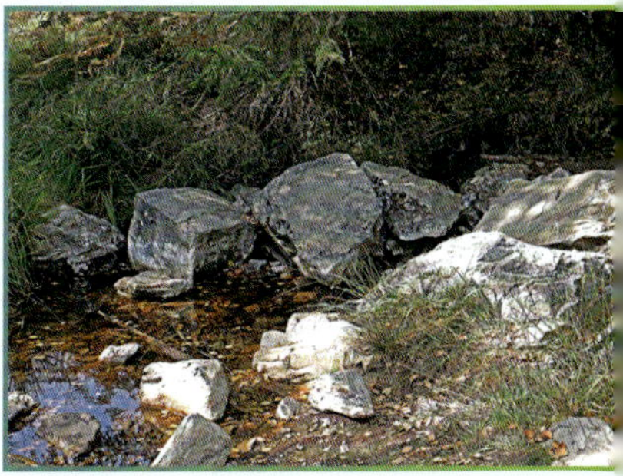

Im flach zum Polleurtal geneigten Hang sind Quarzitblöcke ganz unterschiedlicher Größe zusammengeschoben. Sie stammen nicht von weit her, sondern sie haben sich in einem aus Tonschiefern hervorgegangenen Verwitterungslehm im Boden kriechend hierher bewegt (Bodenfließen). Das geschah in einer Permafrostzeit gegen Ende der letzten Kaltzeit (Weichsel-Kaltzeit) vor mehr als 10.000 Jahren.

Thema: Vennwacken im Hohen Venn

16. Stopp: Die Neue Vequée

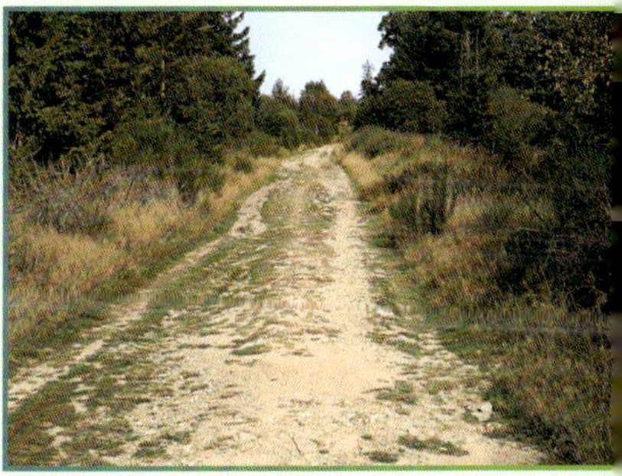

Die Neue Vequée (auch Falsche Vequée genannt) ist ein heute viel benutzter Verbindungsweg zwischen Hockai und Baraque Michel. Ursprünglich verlief hier nur eine Schneise entlang der früheren preußisch-belgischen (später deutsch-belgischen) Grenze. Die historische Bezeichnung Vequée trifft streng genommen nur für ein erstes Teilstück zu, das bei Hockai von der Alten Vequée nach Norden abzweigt.

Thema: Historische Grenzen und Straßen im Hohen Venn

17. Stopp: Das Kreuz der Verlobten

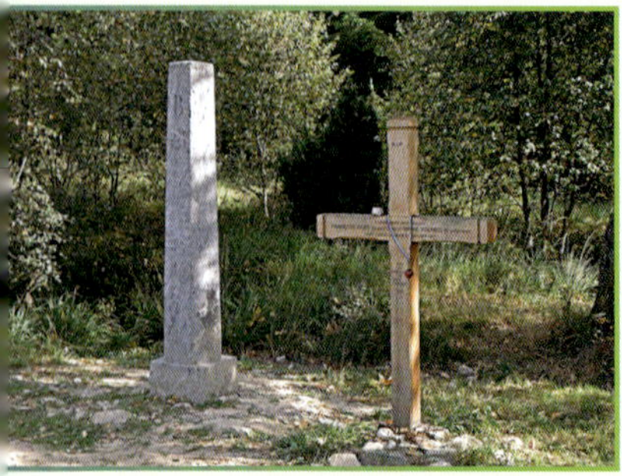

Es ist das wohl berühmteste aller Vennkreuze. Es erinnert an den tragischen Tod von Marie-Josephe Solheid aus dem Venndorf Xhoffraix, die hier im Januar 1871 im Schnee erfror, und ihren Verlobten, Francois Reiff aus Bastogne, den man drei Kilometer weiter tot auffand. Sie waren unterwegs gewesen von Jalhay nach Xhoffraix, um dort ihre Papiere für ihre Hochzeit abzuholen, als sie von einem Schneesturm überrascht wurden. Neben dem Kreuz steht ein preußisch-belgischer Grenzstein mit der Nummer 151.

Thema: Historische Grenzen und Straßen im Hohen Ven

18. Stopp: Beobachtungsturm Großes Moor

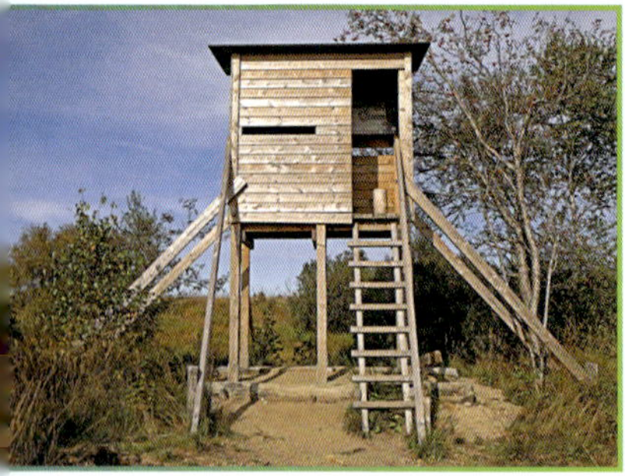

Nur 100 Meter nördlich der Neuen Vequée bietet ein Holzturm eine weite Aussicht auf das sogenannte Große Moor (Grande Fagne). Zusammen mit dem Fagne des Deux Séries östlich der Nationalstraße 68 nimmt es eine Fläche von kaum weniger als 20 Quadratkilometer ein. Beide Moorgebiete gelten als biologisch besonders wertvoll und gehören deshalb größtenteils zur Schutzzone C. Das bedeutet, sie dürfen nur in Begleitung zertifizierter Führer betreten werden.

Thema: Moore und Torf im Hohen Venn

19. Stopp: Scherben von Kreide-Feuersteinen

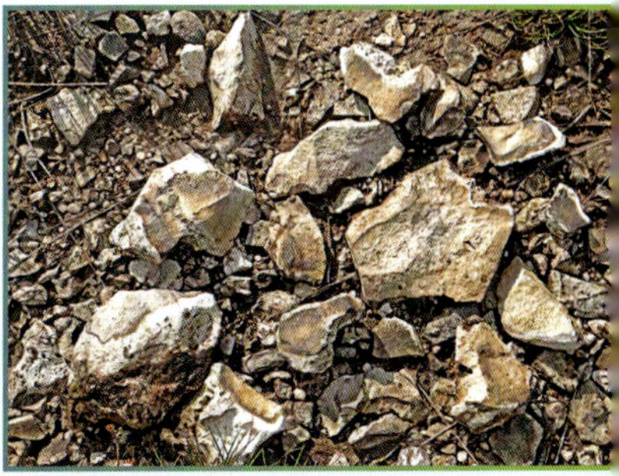

Auf der Höhe des Vennrückens sind im hellen Verwitterungslehm eines Bachlaufs Scherben und Splitter von Kreide-Feuersteinen und verkieselte Kreidekalk-Bruchstücke zu finden. Eine Analyse der in ihnen enthaltenen Mikro- und Makrofossilien lässt einen direkten Vergleich mit Oberkreide-Kalksteinen des Aachener und Südlimburger Hügellandes zu. Es handelt sich also um Relikte einer kreidezeitlichen Meeresüberflutung des Hohen Venns lange vor dessen Aufstieg in sein heutiges Mittelgebirgsniveau.

20. Stopp: Preußisch-belgische Grenzsteine

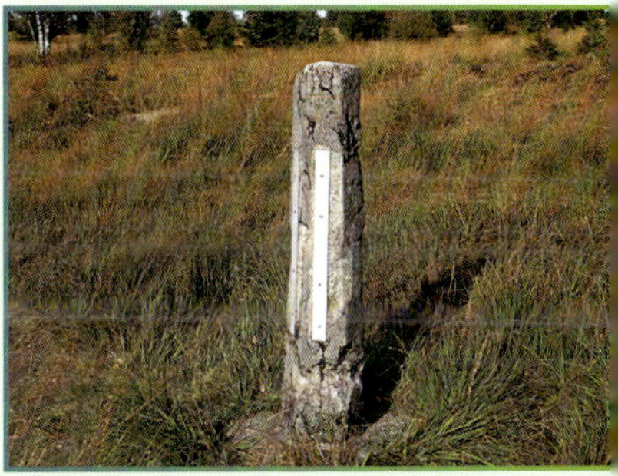

Nach den Grenzfestlegungen des Wiener Kongresses wurden 1839 auch über das Hohe Venn hinweg 1,40 Meter hohe, meist sechsseitige Grenzsteine zwischen Belgien und Preußen jeweils in Sichtweite aufgestellt. Zwischen Hockai und Baraque Michel tragen sie die Nummern 148 bis 154. Ein eingemeißeltes „P" steht für die preußische Seite und ein „B" für die belgische. Nach dem Ersten Weltkrieg verloren die aus Kalkstein (Blaustein) gemeißelten Steine ihre Bedeutung als Grenzsteine und wurden zum Teil umgeworfen oder zerbrachen.

Thema: Historische Grenzen und Straßen im Hohen Venn

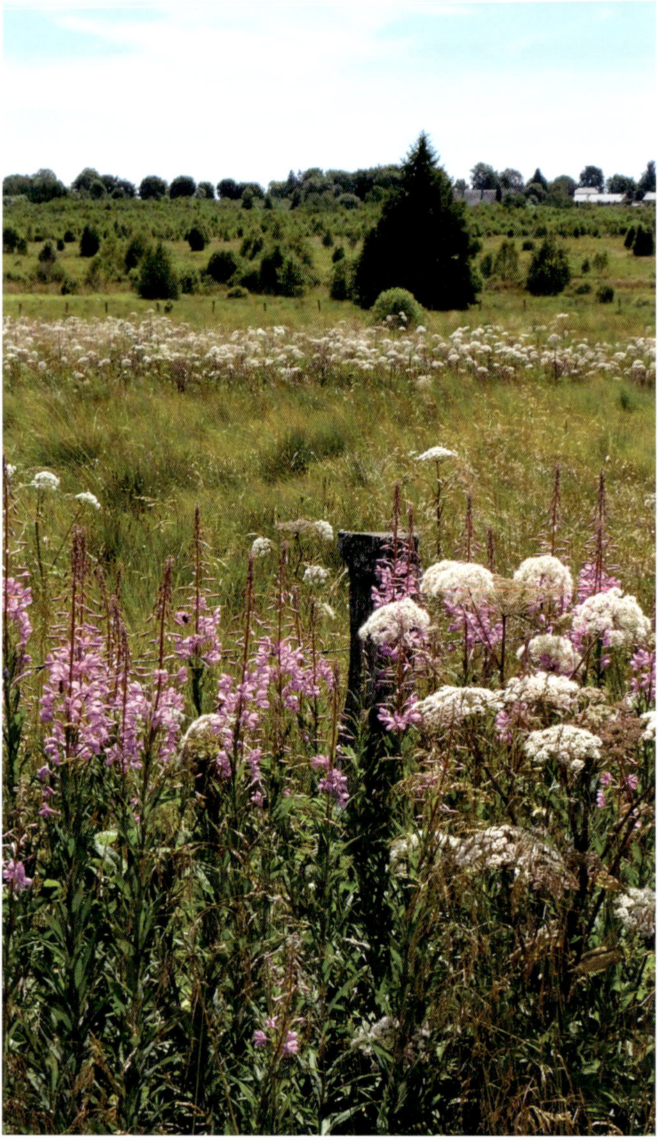

Route 6: Rundwanderung im Troupa-Venn nördlich Sourbrodt

Start und Ziel: Parkplatz am „Alten Bahnhof" der Vennbahn in Sourbrodt an der N 647

Dauer: 3 Stunden

Länge der Wanderstrecke: 9 Kilometer

Höhenunterschiede: 65 Meter

Anfahrt mit öffentlichen Verkehrsmitteln: Sourbrodt Gare; von dort circa 150 Meter Fußweg über die Rue de la Station zum Parkplatz vor dem „Alten Bahnhof"

Fahrplanauskunft: auskunft.avv.de

Parkmöglichkeit: Parkplatz am „Alten Bahnhof" der Vennbahn in Sourbrodt an der N 647

Streckenführung:
Vom Vennbahnhof geht es in nördlicher Richtung durch das Tal der Kleinen Rur ins Troupa-Venn am Oberlauf der Rur. Das Troupa-Venn ist eins von mehreren kleinen Moorstücken, in denen früher von Sourbrodt aus Torf gestochen wurde. Heute stehen sie alle unter Naturschutz.

Nach Queren des Troupa-Venns führt der Weg weiter entlang der oberen Rur in die Waldgebiete (Grand Troupa) südlich des Wallonischen Venns. Von dort geht es wieder zurück in Richtung Troupa-Venn. Ein bequemer Promenadenweg entlang der Westseite des Moores und ein (bei Regen oft schlammiger) Fußpfad entlang seiner Südseite führen zurück zur Brücke über die Kleine Rur und zum Vennbahnhof in Sourbrodt.

GPX-Daten zur Route 6

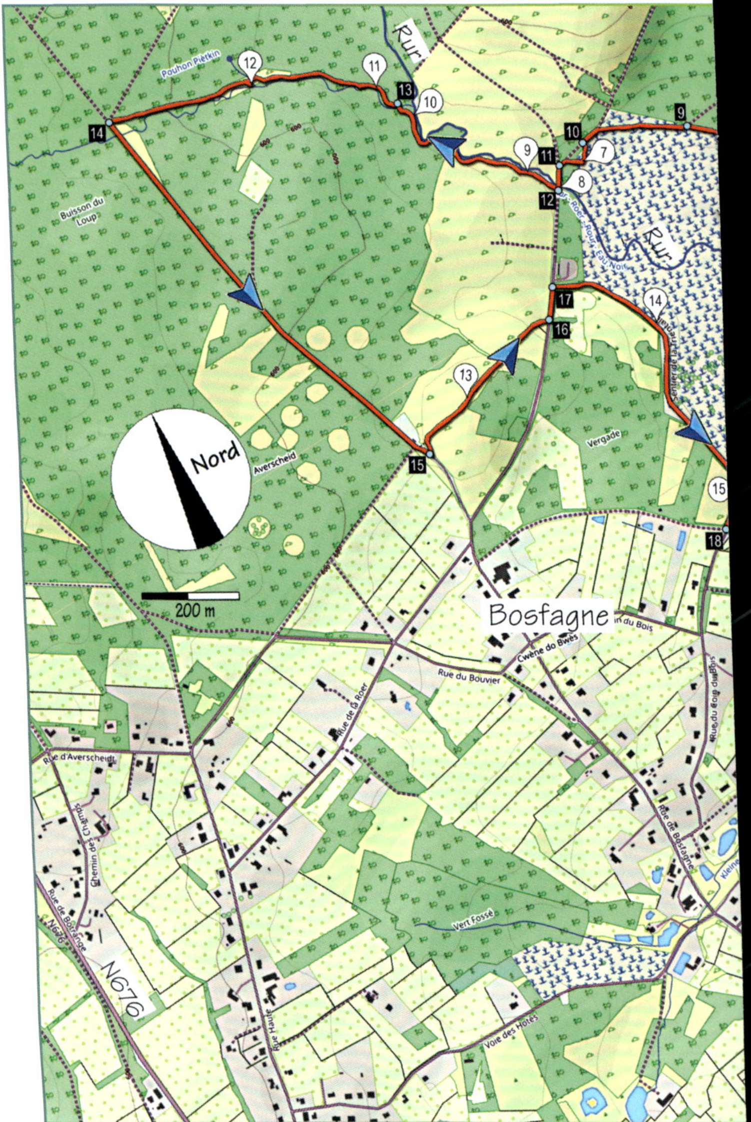
Rur
Pouhon Piètkin
Buisson du Loup
Nord
200 m
Averscheid
Vergade
Bosfagne
Cwène do Bwès
Rue du Bouvier
Rue de la Roer
Rue d'Averscheidt
Chemin des Champs
Rue de Bosfagne
N676
Vert Fossé
Voie des Hôtes
Rue Haute

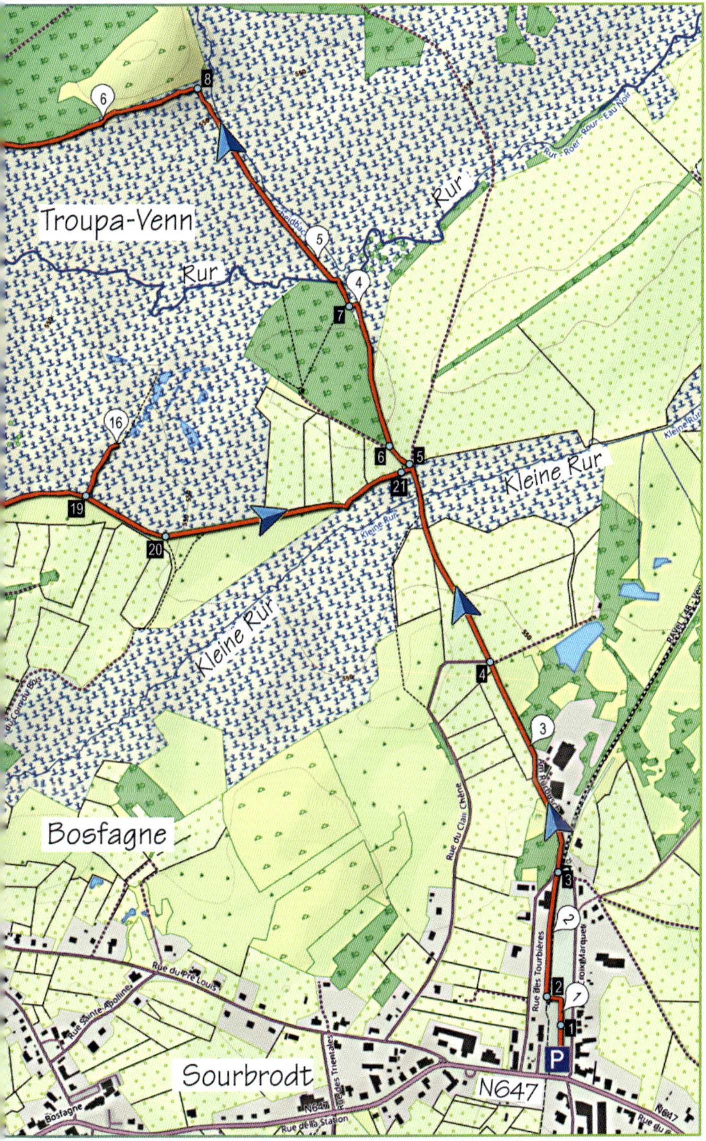
Troupa-Venn
Rur
Rur
Kleine Rur
Kleine Rur
Bosfagne
Sourbrodt
N647
Rue du Clair Chêne
Rue des Tourbières
Croix Marquet
Rue du Pré Louis
Rue Sainte-Apolline
Rue de la Station
Rue des Trientales
Rur - Roer - Rour - Eau Noir
P

Wegweiser

1	Auf dem Parkplatz zum Eisenbahnwaggon des Ravel-Stopps gehen.
2	Die Schienen der Vennbahn queren und auf der geteerten Trasse des Vennradwegs nach rechts gehen.
3	An der Straßenkreuzung sich links halten.
4	Geradeaus gehen.
5	An der Weggabelung halb links gehen.
6	Vor den Sackgassenschild rechts einem schmalen Wiesenweg folgen.
7	Den Stegen über die Rur und weiter durch das Moor folgen.
8	Auf einem wieder festeren Wiesenweg nach links gehen.
9	Dem Wirtschaftsweg geradeaus folgen.
10	An der Informationstafel nach links in einen schmalen Fußpfad einbiegen und diesem weiter folgen.
11	Auf der Teerstraße nach links über die Rurbrücke gehen.
12	Hinter der Rurbrücke nach rechts zur Rur hinuntergehen und nach 20 Metern links einem unregelmäßig verlaufenden Trampelpfad ruraufwärts folgen.
13	Nach Queren eines von links kommenden Nebenbachs der Rur dem Trampelpfad entlang diesem Nebenbach weiter folgen.
14	Auf der Forststraße circa 900 Metern nach links gehen.
15	Nach einem Containerplatz nach links in einen aufwärts führenden Fußweg abbiegen und diesem folgen.
16	Auf der Teerstraße circa 100 Metern nach links gehen.
17	Vor dem großen Parkplatz nach rechts in einen befestigten Fußweg abbiegen.

Wegweiser

18	Am Ende des befestigten Fußwegs links in einen unbefestigten - bei Nässe oft schlammigen - Fußpfad abbiegen.
19	An einem Wegweiserpfosten nach links einen Abstecher (circa 200 Meter) in einen alten Torfabbau machen; danach dem Fußweg weiter folgen.
20	An der Weggabelung links auf dem unbefestigten Fußweg weitergehen.
21	Einen ehemaligen Damm queren und nach rechts über die Kleine-Rur-Brücke zurück zum Parkplatz gehen.

1. Stopp: Das Bahnhofsgebäude der Vennbahn

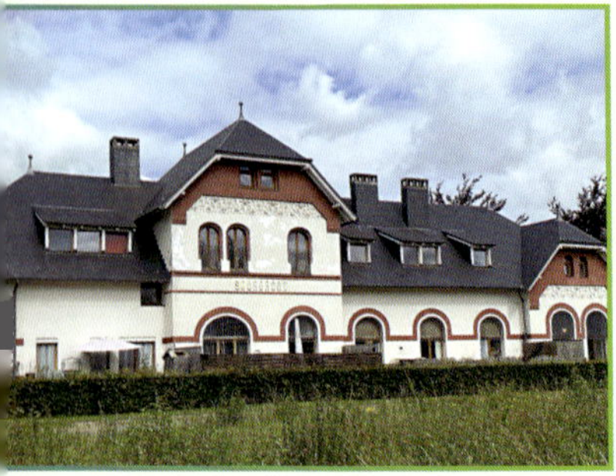

Das repräsentative Bahnhofsgebäude der Vennbahn entstand 1889. Es beherbergte neben zwei Fahrkartenschaltern, je einen Wartesaal zweiter und dritter Klasse und neben einer Bahnhofswirtschaft im Erdgeschoss auch zwei Beamtenwohnungen darüber für den Bahnhofsvorsteher und den Betreiber der Schankwirtschaft mit ihren Familien. Bald siedelten sich immer mehr Arbeitskräfte und auch verschiedenste Gewerbebetriebe um das Bahnhofsgelände an. Nicht zuletzt wegen seiner Nähe zum Militärlager Elsenborn gab es hier zu den besten Zeiten über 20 Gaststätten.

2. Stopp: Die Vennbahn

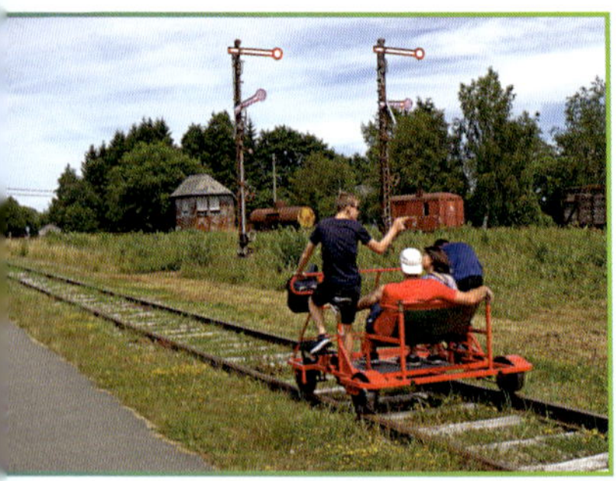

Die Vennbahnstrecke von Aachen durch Ostbelgien nach Troisviérges in Luxemburg entstand in den 1880er-Jahren. Lothringisches Eisenerz sollte zum Stahlwerk Rothe Erde in Aachen transportiert werden und in Gegenrichtung sollte Kohle aus dem Aachener Revier nach Lothringen gebracht werden. Vor dem Ersten Weltkrieg wurden täglich durchschnittlich 14 Personenzüge und 24 Güterzüge auf der Strecke gezählt. Heute besteht nur noch zwischen dem Bahnhof Leykaul in Kalterherberg und dem Bahnhof Sourbrodt die Möglichkeit, auf pedalbetriebenen Draisinen, sogenannten Railbikes, hin- und herzufahren.

3. Stopp: Bosfagne

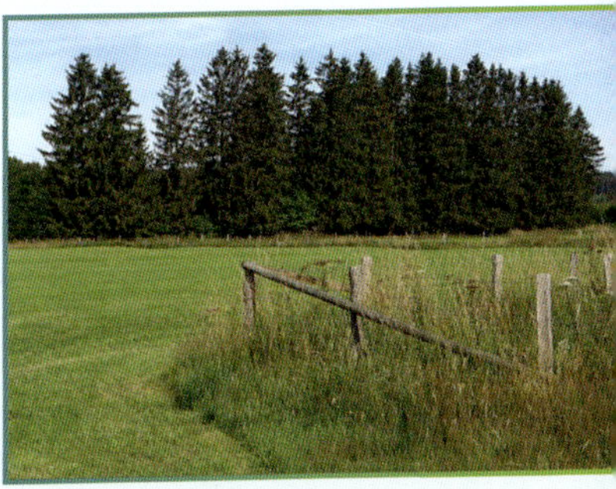

Als Bosfagne wird das ehemalige Wald- und Moorgebiet im Einzugsgebiet der Kleinen und der Großen Rur nördlich von Sourbrodt bezeichnet. Hier wurden seit dem späten Mittelalter von Sourbrodt aus Kühe und Schafe geweidet, Wiesen gemäht und später auch Torf gestochen. Heute ist ein Teil der Weiden und Wiesen erhalten geblieben. Andere Gebiete sind aber auch mit Fichten wieder aufgeforstet oder als Restmoore unter Naturschutz gestellt.

4. Stopp: Die Große Rur

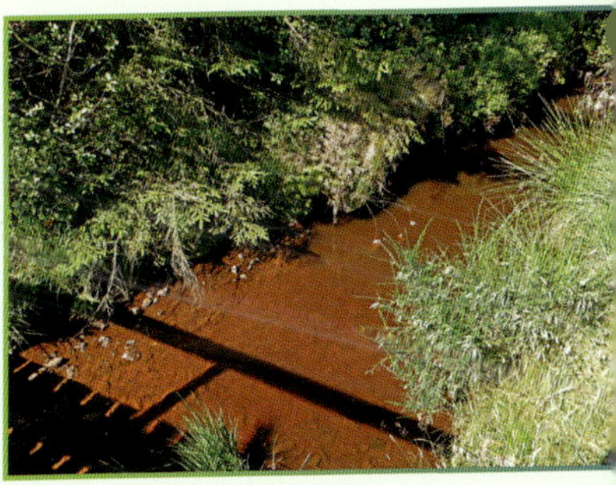

Das Wasser der Großen Rur ist hier rotbraun gefärbt. Der Grund ist seine Herkunft aus den Moorgebieten des Wallonischen Venns und des südlich anschließenden Troupa-Venns. Beim Verrotten der abgestorbenen Pflanzenteile des Torfs bildet sich ein Gemisch aus Huminstoffen, die das Wasser dunkel färben (Eau Noire). Da im Wasser der Moorbäche immer auch geringe Mengen gelöstes Eisen aus Pyriten (FeS_2) der Revin-Schiefer enthalten sind, nimmt es oft auch eine rotbraune Farbe an.

5. Stopp: Im Troupa-Venn

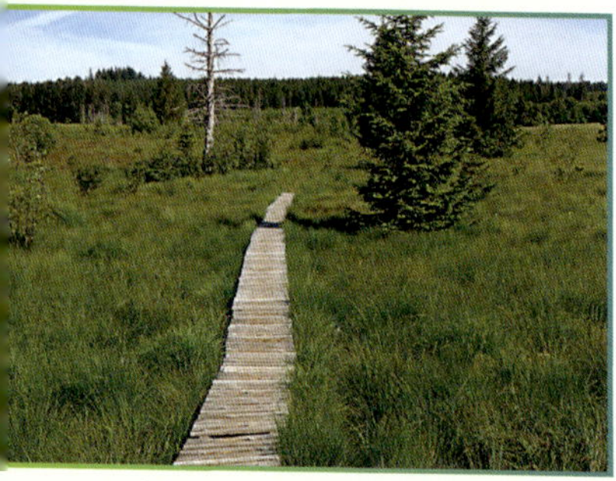

Der Holzsteg führt über Bulten und Schlenken eines feuchten Moores. Rechts des Wegs bestimmen Bulten mit Pfeifengras und Binsen das Bild. Links konnten auf einem etwas trockeneren Untergrund Weiden, Birken und Fichten Fuß fassen. Abgestorbene ältere Einzelfichten zeigen an, wie empfindlich diese Baumart auf Schwankungen des Grundwasserspiegels reagiert. Ihr Totholz ist wichtig für Insekten, die darin leben, und für Vögel, die dort Nahrung finden.

6. Stopp: Beeren im Moor

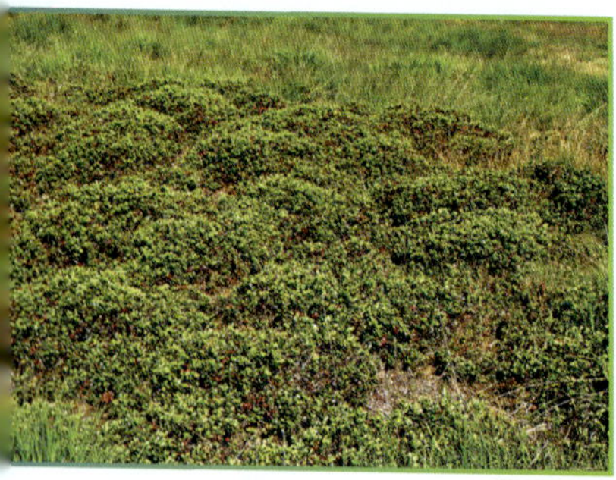

Am Rand der Moorfläche deuten Einzelpolster von Preiselbeeren trockenere Partien des Untergrundes an. Die roten Preiselbeeren sind sehr sauer. Roh schmecken sie nicht. Aber als Gelee oder als Saft sind sie sehr schmackhaft. Mit den Preiselbeeren zusammen treten in dieser anmoorigen Umgebung Glockenheide und weit verbreitet auch gewöhnliches Heidekraut auf. Der Name „Besenheide" für das gewöhnliche Heidekraut erinnert daran, dass die Bauern dessen Sträucher früher zu Stallbesen zusammenbanden.

7. Stopp: Das „Russenlager"

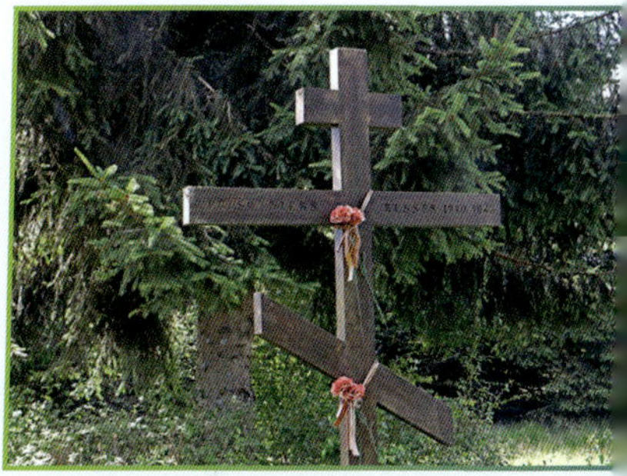

Seit März 1943 bestand hier im Bosfagne ein Arbeitslager für russische Kriegsgefangene. Die Gefangenen waren in zwei Baracken untergebracht. Ihre Aufgabe waren Waldarbeiten wie das Fällen von Bäumen und das Neupflanzen von Fichten sowie auch Hilfsarbeiten in der Landwirtschaft. Im Frühjahr 1944 wurde das Lager mit Herannahen der Front aufgelöst und die Gefangenen mit unbekanntem Ziel nach Deutschland zurückgebracht. Zur Erinnerung an ihr Schicksal wurde hier 1963 ein orthodoxes Kreuz, das sogenannte Russenkreuz, errichtet.

8. Stopp: An der Rurbrücke Bosfagne

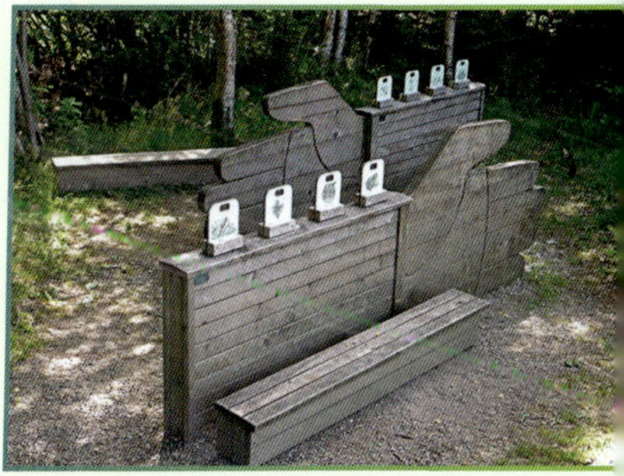

Zwei überdimensionale Hände aus Holz weisen in entgegengesetzte Richtungen. Sie deuten einen „ökologischen Korridor" an, der es ermöglichen soll, dass gefährdete Tier- und Pflanzenarten trotz der vielen vom Menschen gemachten Hindernisse (Straßen, Siedlungen, Äcker oder Forste) von einem ihrer natürlichen Lebensräume zum anderen wechseln können. Solche „ökologischen Korridore" bedeuten Schutz und Hilfe bei der Nahrungssuche und erlauben einen zur Arterhaltung notwendigen Genaustausch.

9. Stopp: Sedimente der Rur

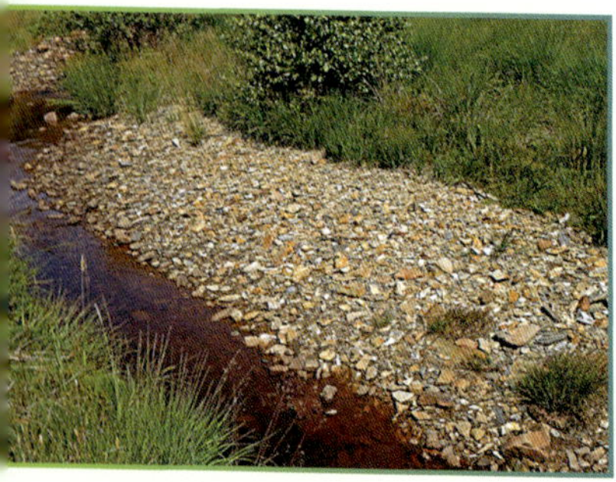

Die Fichtenwälder und Kahlschläge bzw. Wiederaufforstungsflächen des Grand Troupa reichen bis zum Wallonischen Venn. Dort sammelt sich Moorwasser in einer breiten Senke und fließt als schmale Rur (Roer) in Richtung Süden. Neben gelösten Stoffen und einer sehr feinkörnigen Schwebfracht transportiert die Rur auch immer eine beträchtliche Menge kleiner und mittelgroßer Schiefer- und Quarzitbruchstücke als Bodenfracht. Wegen des bis hierher noch kurzen Transportwegs sind sie aber noch kaum rundgeschliffen.

10. Stopp: Revin-Schiefer und -Quarzite

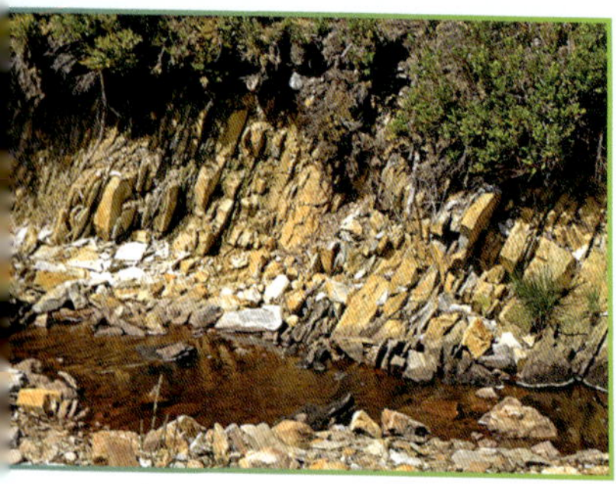

Im Prallhang einer Flussschleife sind Schiefer und Quarzitbänke der Revin-Schichten (jüngere Kambrium-Zeit) in steiler Lagerung angeschnitten. Sie gehören zu den ältesten Schichten im Kern des Vennsattels. Ihre Ausgangssedimente waren planktonreiche Ton- und Sandablagerungen eines tiefen Meeres. Nach ihrer Verfestigung wurden sie als Ton- und Sandsteine tektonisch deformiert, das heißt, gefaltet, geschiefert und dabei aufrecht gestellt. Heute bleichen die ursprünglich schwarzen Revin-Gesteine bei Luftzutritt durch Oxidation ihrer Kohlenstoffverbindungen weiß aus.

11. Stopp: Rauschbeeren

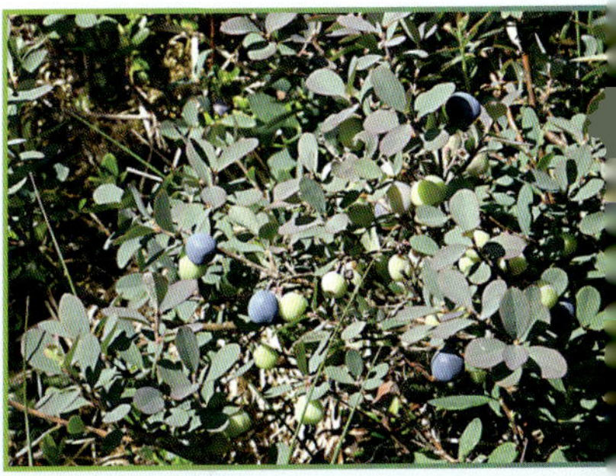

Blaubeeren und Rauschbeeren sind auf den anmoorigen Böden der Moorheiden und lichteren Fichtenforsten weit verbreitet. Die Blaubeere erkennt man an ihren scharfkantigen wintergrünen Zweigen und ihren dunkelblauen Beeren mit rotblauem Fleisch. Leicht mit ihr zu verwechseln ist die Rauschbeere (Foto). Auch ihre Beeren sind blau, besitzen aber ein helles Fleisch. Auch sind ihre Blätter im Gegensatz zum Grün der Blaubeere dunkel blaugrün gefärbt. Ein Verzehr von Rauschbeeren in größeren Mengen kann zu rauschhaften Zuständen führen.

12. Stopp: Der Pouhon Pietkin

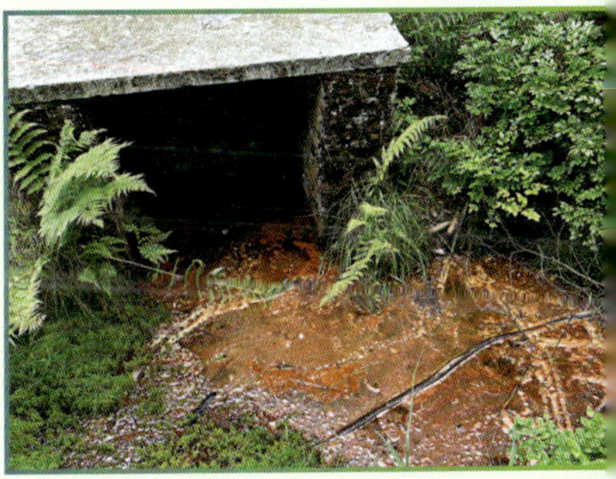

Aus einem versteckten Brunnenhäuschen fließt intensiv rot gefärbtes CO_2-haltiges Quellwasser in einen Nebenbach der Rur. Die Kohlensäure stammt aus großer Tiefe. In Oberflächennähe vermischt sie sich mit dem Grundwasser und löst das Eisen der Pyrite (FeS_2) in den Revin-Schiefern. Im Kontakt mit der Luft flockt das gelöste Eisen dann in Form von rotem Eisenhydroxid oder Eisenoxid aus. Benannt ist die Quelle (pouhon) nach Pfarrer Niklas Pietkin (1849-1921) aus Sourbrodt, der ihre Fassung veranlasste.

13. Stopp: „Weg des Gedenkens"

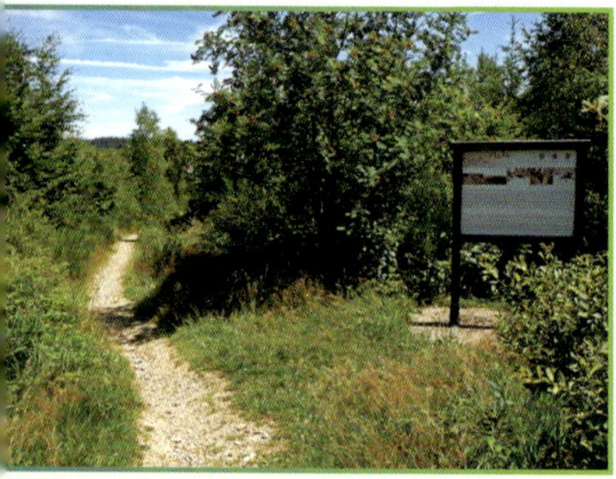

Der schmale Fußweg ist Teil eines Fernwanderwegs im deutsch-belgischen Grenzgebiet, der zu verschiedenen wichtigen Kriegsschauplätzen der Jahre 1944/1945 führt. In einer viersprachigen Texttafel wird hier Bezug genommen auf die Zeit der amerikanischen Besetzung in den letzten Monaten des Jahres 1944 und das Kriegsgeschehen während der deutschen Ardennenoffensive. Sourbrodt war damals evakuiert und die Wälder von Averscheidt und des Grand Troupa voller Schützengräben. Darauf bezog sich auch das Hinweisschild „Fosses des G.I." und ein kleines Holzkreuz am Anfang des Weges.

14. Stopp: „Sentier de Trientale"

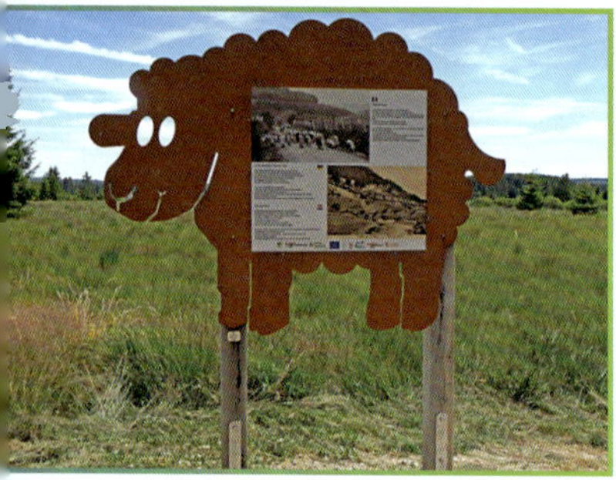

Der Sentier de Trientale entlang dem Westrand des Troupa-Venns ist ein alter Weg, auf dem früher Schafe und Kühe ins Venn getrieben wurden. Heute ist er als Fußweg behindertengerecht ausgebaut, damit auch ältere Menschen und Menschen mit Handicap die Natur beobachten und genießen können. Mehrfach sind Bänke zum Ausruhen und Schautafeln mit Erklärungen aufgestellt. An dieser Stelle geht es um das Sammeln und die Nutzung des Kots, den die Tiere unterwegs hinterließen. Eine nächste Tafel verweist auf eine alte Furt über die Rur auf dem Weg von Sourbrodt nach Kalterherberg.

15. Stopp: Ein Fliegerdenkmal

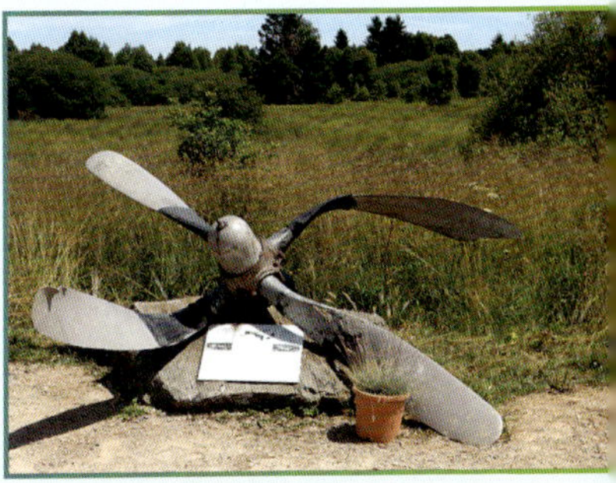

Der Propeller und ein Gedenkstein markieren die Stelle, an der am 4. Juli 1943 ein britischer Halifaxbomber abgeschossen wurde, der eigentlich Köln hätte bombardieren sollen. Die beiden Piloten kamen ums Leben, etliche Besatzungsmitglieder wurden gefangen genommen. Auf einer Übersichtstafel des Hohen Venns sind die Absturzstellen weiterer alliierter und deutscher Flugzeuge aus dem Zweiten Weltkrieg und auch danach verzeichnet.

16. Stopp: Eine ehemalige Torfgrube

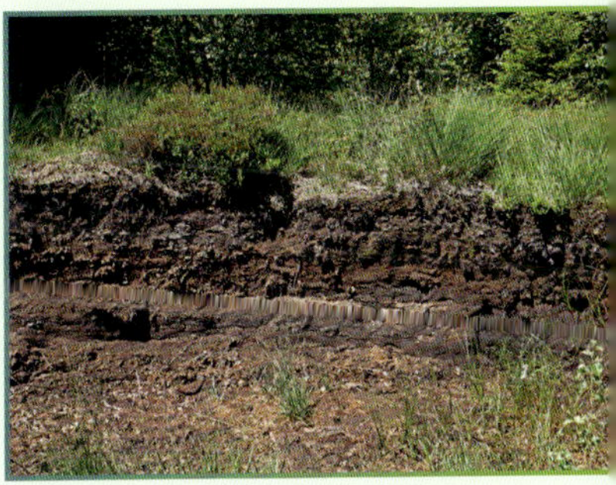

Bis in die Mitte des 20. Jahrhunderts wurde im Bosfagne Torf zum Heizen gestochen. Die „Törfer" (Troufleûrs) leiteten aus geeigneten Torfschichten das Wasser ab und trockneten so das Moor aus. Jede Familie hatte ihre eigene Grube. Der Torf wurde in Briketts gestochen und zum Trocknen gestapelt. Erst zum Winter hin wurde der getrocknete Torf zum Heizen ins Dorf geholt. Heute sind meist nur noch die überwachsenen Steilkanten und tiefer liegenden Böden ehemaliger Torfstiche zu erkennen.

Thema: Moore und Torf im Hohen Venn

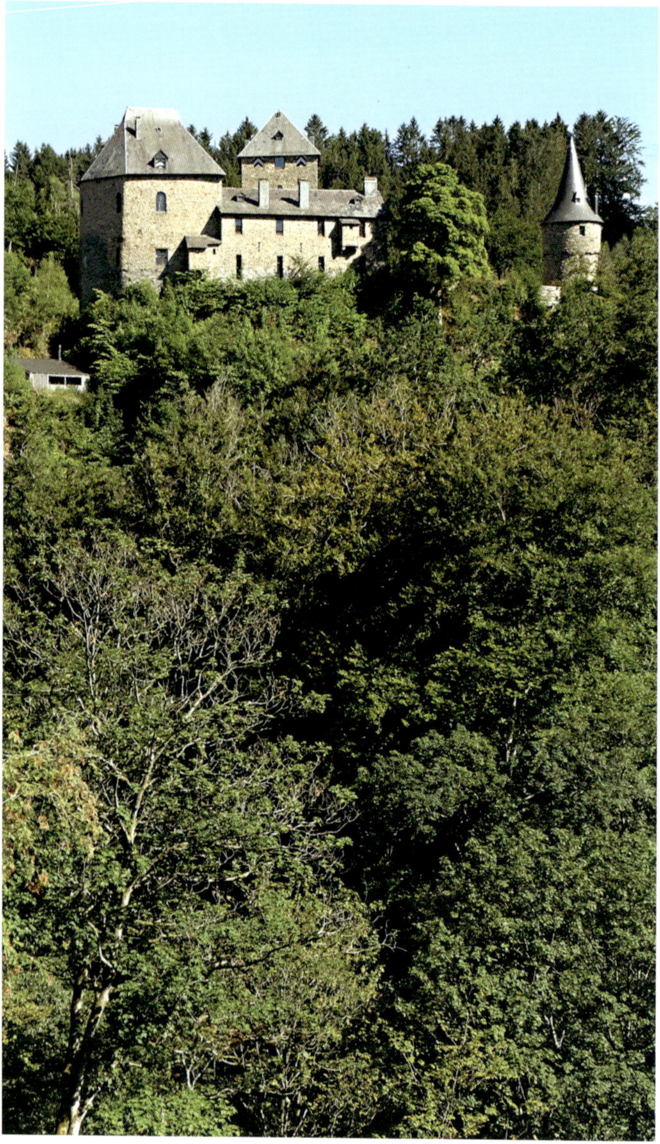

Route 7: Rundwanderung im Bayehontal zwischen Burg Reinhardstein und dem Hohen Venn

Start und Ziel: zwei Parkplätze der Burg Reinhardstein in Ovifat

Dauer: 5 Stunden

Länge der Wanderung: circa 16 Kilometer

Höhenunterschiede: 190 Meter

Anfahrt mit öffentlichen Verkehrsmitteln: Ovifat Route de Cheneux; von dort circa 750 Meter Fußweg auf dem Chemin de Cheneux zum Parkplatz

Fahrplanauskunft: www.aseag.de/fahrplan/fahrplanauskunft/

Parkmöglichkeit: Zwei Parkplätze der Burg Reinhardstein in Ovifat. (Anfahrt über die Straße von Sourbrodt nach Longfaye: hinter der Kirche von Ovifat links abbiegen. Nach 300 Metern rechts in eine kleine Straße mit Hinweis auf Burg Reinhardstein abbiegen. Nach circa 200 Metern einer sehr schmalen Straße nach links circa 500 Meter bis zu zwei hintereinander gelegenen Parkplätzen folgen.)

Streckenführung:
Der Weg führt zunächst zur Burg Reinhardstein und verläuft dann entlang dem Rand der Hochfläche gegen das Tal der Warche und des Bayehon. Später führt er hinunter in das tiefe und enge Bayehontal. Dort geht es flussaufwärts an der Bayehonmühle vorbei bis zum Bayehonwasserfall und darüber hinaus bis in das Venn von Longfaye. Der Rückweg verläuft oberhalb des zunehmend tief eingeschnittenen Pouhonbachs und später im Talgrund des Bayehons. Gegenüber der Einmündung des Bayehonbachs in die Warche geht es den steilen Südhang des Warchetals hinauf und entlang dessen Oberkante in Richtung Sperrmauer der Talsperre von Robertville. Von dort zurück zum Parkplatz. Die Wanderung ist anspruchsvoll und erfordert besonders bei Nässe Trittsicherheit.

GPX-Daten zur Route 7

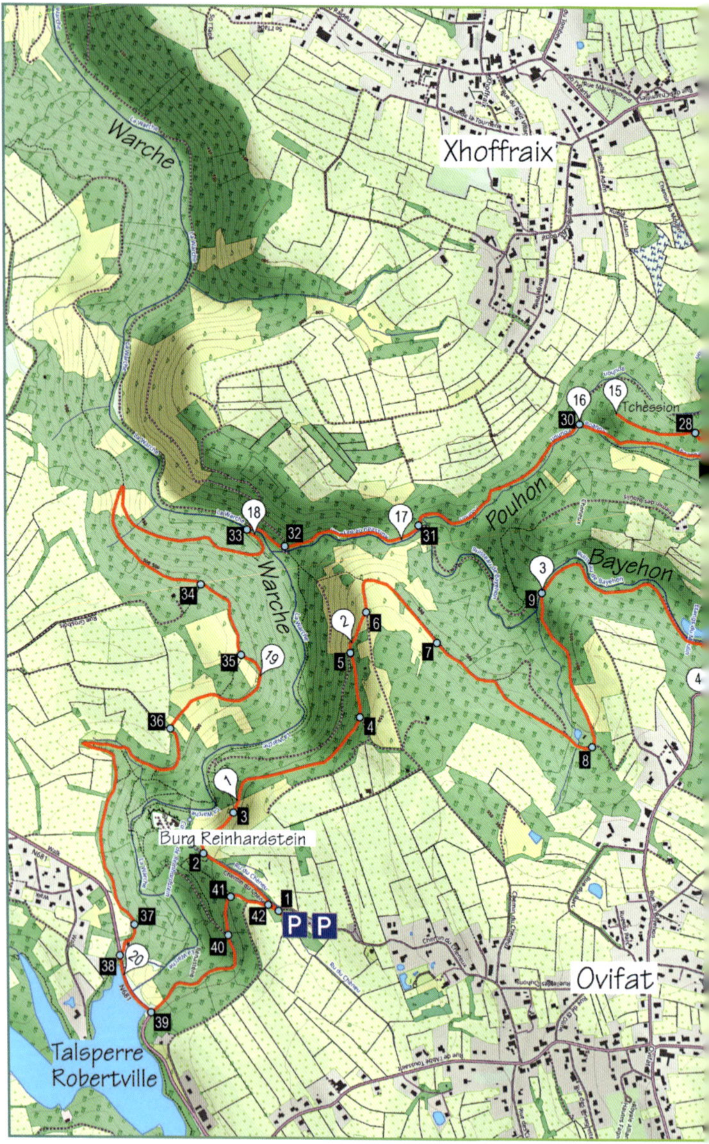
Xhoffraix
Warche
Tchession
Pouhon
Bayehon
Burg Reinhardstein
Ovifat
Talsperre Robertville
P
P

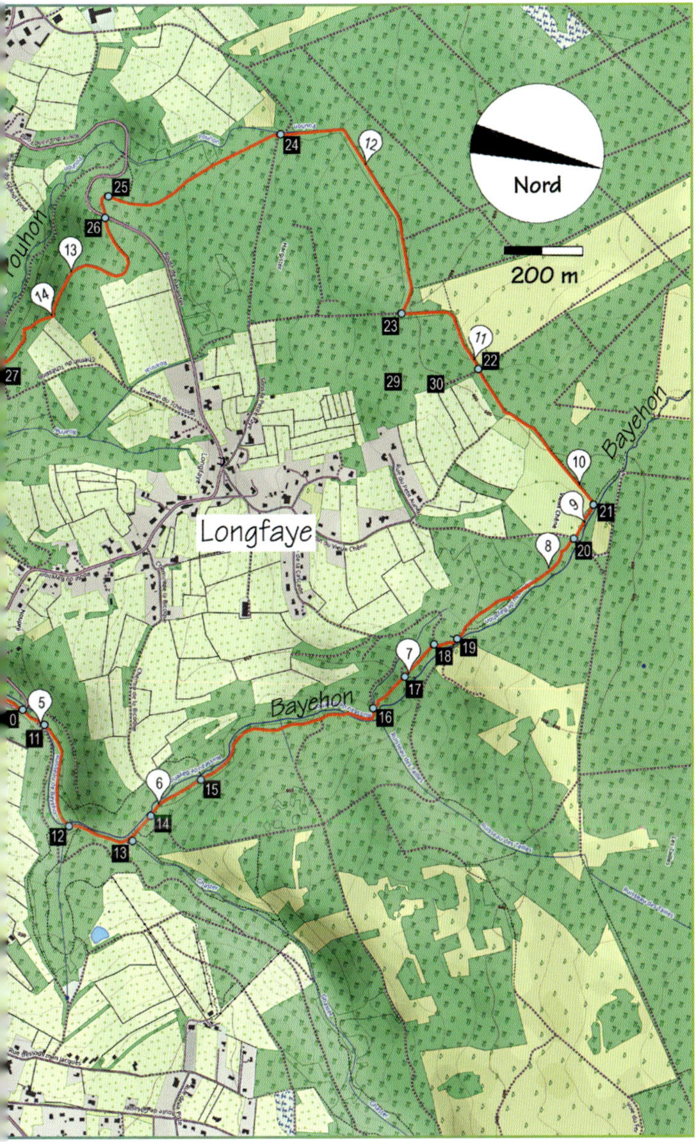
Nord
200 m
Longfaye
Bayehon
Bayehon
Pouhon

Wegweiser

1	Vom Parkplatz aus auf einer schmalen Straße in Richtung Burg Reinhardstein gehen.
2	Nach einer Fußgängerbrücke links einen zunächst steil aufwärts führenden Fußweg nach rechts wählen und diesem über eine längere Strecke folgen.
3	Geradeaus weitergehen.
4	Auf dem Wirtschaftsweg nach links weitergehen.
5	Geradeaus weitergehen.
6	Sich links halten und auf dem Höhenweg in einem großen Rechtsbogen weitergehen.
7	Dem Weg durch den Fichtenwald weiter folgen.
8	Nach Queren eines kleinen Bachs an einer Wegkreuzung halb links einem Fußpfad talabwärts folgen. (Vor der Brücke über den Bayehon ist ein sehr steiles Wegstück abwärts zu überwinden.)
9	Vor der Bayehonbrücke dem Forstweg nach rechts flussaufwärts zur Bayehonmühle und weiter zur Straße Ovifat-Longfaye folgen.
10	Die Straße queren und auf einem Fahrweg unmittelbar neben dem Bayehon flussaufwärts gehen.
11	Die Brücke oder bei Trockenheit die Furt queren und dem Fahrweg weiter flussaufwärts folgen.
12	Die Brücke queren und dem Fahrweg weiter flussaufwärts folgen.
13	Links auf dem Fahrweg bleiben.
14	Geradeaus weitergehen.
15	Geradeaus weitergehen.
16	150 Meter nach einer Brücke rechts einem steilen, stark steinigen Weg aufwärts bis zum Bayehonwasserfall folgen oder auf einem etwas längeren, bequemeren Umweg geradeaus gehen.

Wegweiser

17	Vom Bayehonwasserfall aus geradeaus bis zu einem geschotterten Wirtschaftsweg weitergehen.
18	Auf dem Schotterweg nach rechts gehen und gleich wieder links zu einer Schutzhütte abbiegen.
19	Auf einem schmalen Fußpfad durch ein Schotterfeld und später einen Niederwald und Buschwerk aufwärts gehen.
20	Einen Wirtschaftsweg queren und dem Fußpfad durch einen Niederwald und ein Moor- und Heidegebiet weiter folgen.
21	Vor Eintritt in einen Fichtenwald an einem Wegweiser links abbiegen und vor oder nahe am Waldrand weitergehen.
22	Auf einem geschotterten Forstweg weiter geradeaus gehen.
23	Etwa 100 Meter nach einem Linksbogen des Schotterwegs nach rechts in einen Waldweg abbiegen und diesem über eine längere Stecke folgen.
24	Ab einer Schutzhütte geradeaus abwärts zur Straße weitergehen.
25	Auf dem Forstweg im Bogen nach links bis zur Straße weitergehen.
26	Die Straße queren und auf einem weiterhin geschotterten, später schotterfreien Waldweg geradeaus weitergehen.
27	Geradeaus weitergehen.
28	An einer Wegkreuzung einen Abstecher geradeaus zu einer ehemaligen keltischen Fliehburg „Tchession" machen, danach von hier scharf links abwärts gehen.
29	Dem ersten Querweg nach rechts folgen.
30	Den Pouhonbach queren und auf dem anderen Ufer bachabwärts gehen.
31	Am Zusammenfluss von Pouhonbach und Bayehon weiter geradeaus flussabwärts gehen.
32	Vor der Einmündung des Bayehon in die Warche etwa 100 Meter nach rechts gehen und dann die Warche über eine Fußgängerbrücke queren.

Wegweiser

33 Nach der Brücke einem Fußpfad zunächst nach links, dann rechts aufwärts folgen; auf dem Weg bis zu einer Spitzkehre und dort links immer weiter bergauf gehen.

34 Auf einem Querweg dem Wegweiser zur Barrage (Talsperre) nach links folgen.

35 Nach links abwärts weitergehen.

36 Nach links einem Fußpfad immer in Richtung Barrage weiter folgen; dabei immer dicht unterhalb der Kante der Hochfläche bleiben.

37 Nach rechts zum Parkplatz an der Talsperrenmauer gehen.

38 Die Talsperrenmauer queren.

39 Auf der Nordseite des Warchetals nach links einem Fußweg in Richtung Burg Reinhardstein folgen.

40 Nach rechts aufwärts gehen.

41 Rechts abbiegen und danach sich links halten.

42 Nach rechts zum Parkplatz zurückkehren.

1. Stopp: Burg Reinhardstein

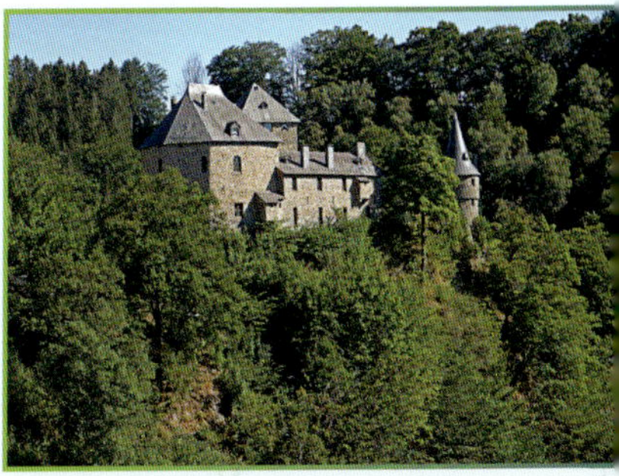

Die Burg Reinhardstein ist die einzige Höhenburg im oberen Warchetal. Sie wurde 1345 von Reinhard von Weismes, einem Vasallen des Herzogs von Luxemburg, erbaut. Nach mehrfachem Besitzerwechsel ging die Burg für drei Jahrhunderte in den Besitz der Fürsten Metternich über. Deshalb lautet ihr Zweitname Burg Metternich. 1677 wurde die Burg von den französischen Truppen Ludwigs XIV. zerstört. Nach 1812 wurden die Ruinen verkauft und als Steinbruch genutzt. Erst 1969 begann der Wiederaufbau der Burg.

2. Stopp: Das Warchetal

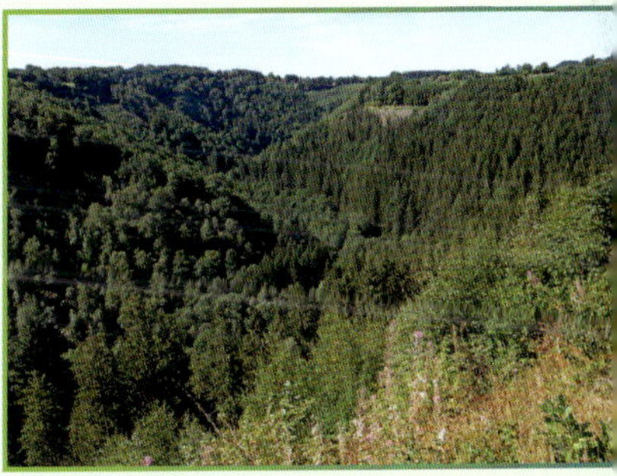

Das Quellgebiet der Warche liegt weit im Osten in den moorigen Flächen des Hochplateaus des Weißen Steins. Bis Robertville ist ihr Oberlauf nur ein flaches Muldental in der heute weitgehend waldfreien, landwirtschaftlich genutzten Ardennenhochfläche. Westlich von Robertville haben die Warche und ihre Nebenbäche Bayehon und Trôs Maret durch rückschreitende Erosion tiefe Engtäler in den Gebirgsuntergrund eingekerbt. Deren Steilhänge sind durchgehend dicht bewaldet.

3. Stopp: Kahlschläge im Hang

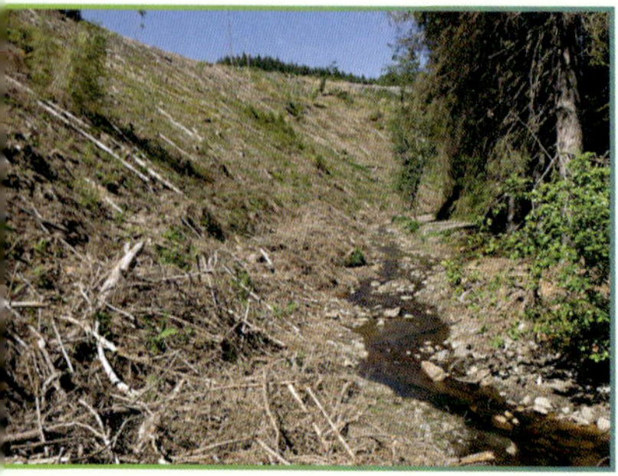

Trockenheit, Stürme und Schädlinge wie der Borkenkäfer setzen auch den Wäldern im Hohen Venn zu. Die Folge sind Kahlschläge großen Ausmaßes sowohl auf der Hochfläche wie auch auf den steilen Talhängen. Nach dem Abräumen des Nutzholzes wird hier eine neue Vegetation zunächst aus Kräutern, dann Sträuchern und später auch Birken, jungen Fichten und anderen Baumarten aus angewehten Samen entstehen. Erst nach Jahrzehnten wird sich hier wieder ein Dach aus Baumkronen schließen und eine neue Hochwaldphase beginnen.

4. Stopp: Die Bayehonmühle

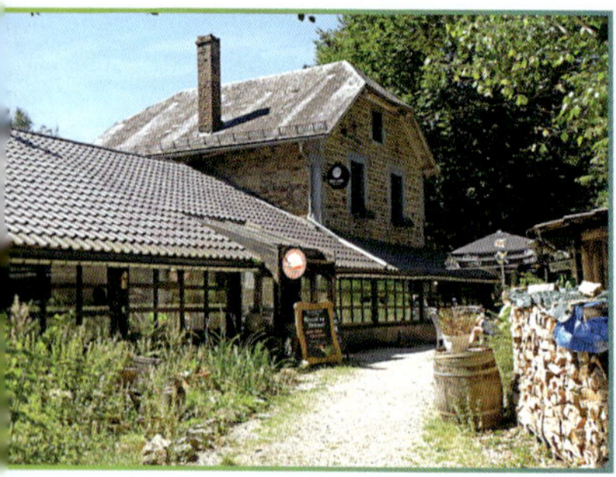

In Richtung oberes Bayehontal liegt wenig unterhalb der Straße von Ovifat nach Longfaye die Bayehonmühle (Moulin de Bayehon). Sie wurde um das Jahr 1875 herum als Getreidemühle erbaut. Nach 1945 wurde ihr Mahlbetrieb eingestellt. Bereits 1938 richtete die Betreiberfamilie hier eine Gaststätte und Pension ein. Auch heute noch ist die Bayehonmühle ein beliebtes Ausflugslokal mit Restaurant und Biergarten.

5. Stopp: Im Flussbett des Bayehon

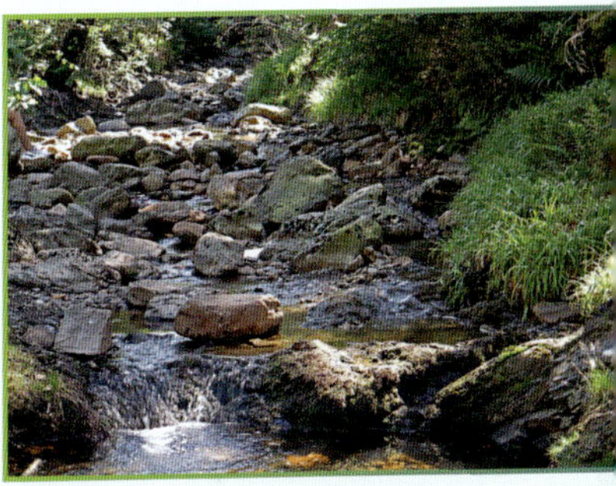

Der Bayehon sammelt sein Wasser im Hohen Venn nördlich von Longfaye. Von dort stammen auch seine großen und kleinen Gerölle aus Revin-Quarzit. Bei starker Wasserführung und entsprechend hohen Fließgeschwindigkeiten vor allem während der Schneeschmelze schiebt, rollt und trägt der Bach die Blöcke und Gesteinsbruchstücke flussabwärts. Dabei stoßen und schleifen die harten Quarzite die weniger harten Schiefer des Untergrundes glatt. Auch die Gerölle selbst formen sich durch häufige Kollisionen zunehmend rund.

6. Stopp: Revin-Schiefer

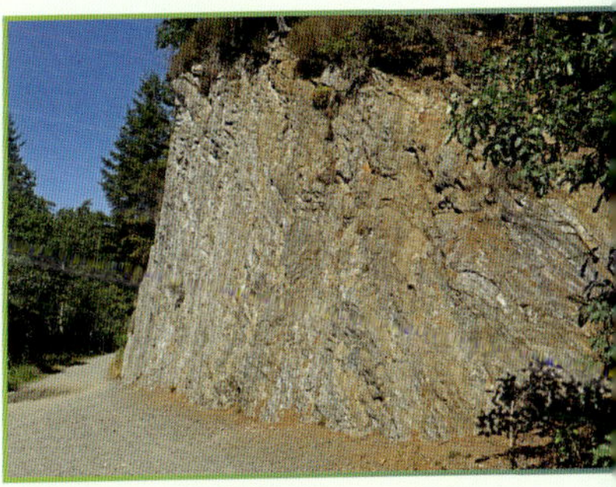

In unverwittertem Zustand sind die Revin-Schiefer wegen ihres primär hohen Pyrit- und Kohlenstoffgehalts tiefschwarz. Hier in der Böschung sind sie durch Luftzutritt hellgrau und weiß ausgebleicht. Hinzu kommt hier eine besonders starke tektonische Zerscherung des Gesteins, wodurch viele Bruchflächen einen feinen Seidenglanz angenommen haben. Durch eine erste Verfaltung und Schieferung in der Silur-Zeit (Kaledonische Faltung) und einen zweiten starken Zusammenschub während der Karbon-Zeit (Variszische Faltung) wurden die Revin-Gesteine des Hohen Venns sehr komplex deformiert.

7. Stopp: Der Bayehonwasserfall

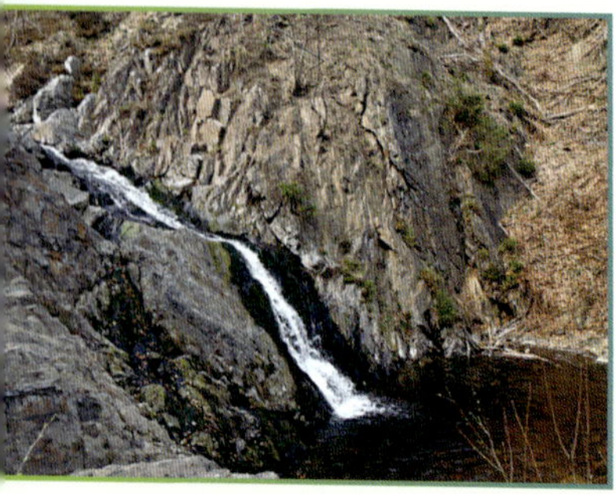

In der „Cascade de Bayehon" fällt das Wasser des Bayehonbachs über eine in langer Zeit glatt geschliffene Felswand rund neun Meter tief in ein kreisrundes Strudelbecken. Die Felsstufe besteht aus einem ganzen Bündel von steil aufgerichteten Quarzitbänken und Schiefern der Revin-Schichten. Wegen ihrer vertikalen Stellung werden die sehr harten Quarzitbänke wohl noch lange Zeit ein Abflusshindernis für das Moorwasser aus dem Hohen Venn darstellen. Besonders nach der Schneeschmelze oder nach starken Regenfällen bietet der Wasserfall ein besonderes Naturerlebnis.

8. Stopp: Wacholder im Longfaye-Venn

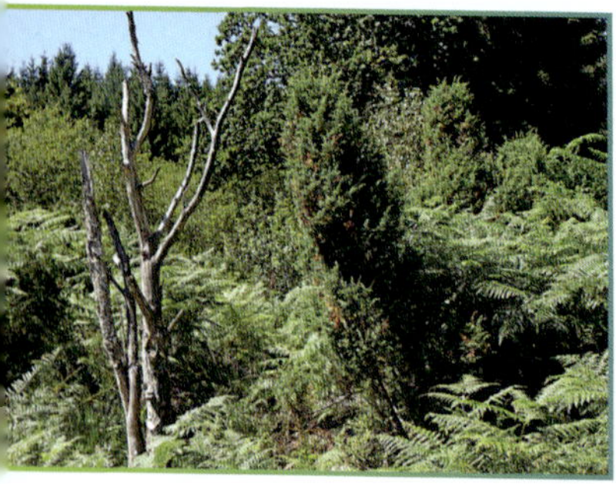

In der allmählich von allerlei Buschwerk überwucherten ehemaligen Vennlandschaft erkennt man noch einzelne Wacholderbüsche. Sie sind der Rest eines hier früher weit verbreiteten Wacholderbestandes und stehen heute unter Naturschutz. Wacholderzweige wurden hier in Longfaye zum Räuchern des aromatischen Ardennenschinkens verwendet. Die blauen Wacholderbeeren, die eigentlich kleine Zapfen sind, nutzte man gerne als Gewürz für Gin.

9. Stopp: Eine alte Eiche (Vieux Chêne)

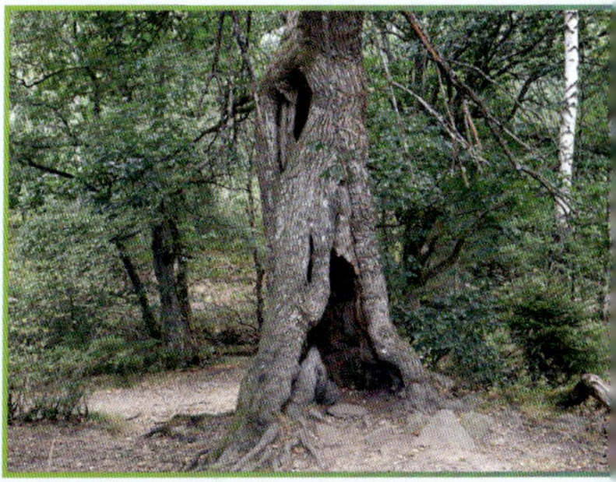

Diese alte Eiche am Rand des Longfaye-Venns wird auch La Chêne des chênes (wallonisch: Tchâne âs tchânes) genannt. Sie und auch ihre Vorgänger waren jahrhundertelang Richtpunkt eines alten Handelsweges von Hockai nach Longfaye (Alte Vequée). Zwischen dem 15. und 18. Jahrhundert wurde auf diesem Weg Roheisen aus dem Schleidener Tal zu den Waffenschmieden in Franchimont und Lüttich transportiert.

Thema: Historische Grenzen und Straßen im Hohen Venn

10. Stopp: Im Longfaye-Venn

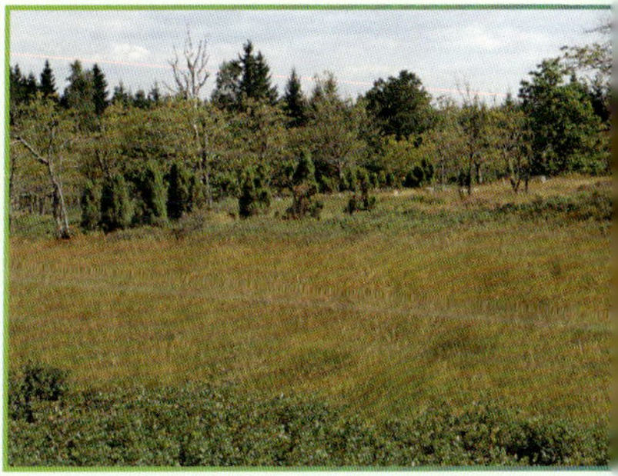

Zusammen mit Ovifat im Osten und Xhoffray und Mont im Westen bildete das kleine Dorf Longfaye seit dem frühen Mittelalter eine besonders weit auf das Vennplateau vorgeschobene Siedlung. Hier oben gab es genug unbewohntes Brachgelände zum Heumachen, zum Weiden von Kühen, Ziegen und Schafen und später auch für den Torfabbau. Hier oben verlief auch die überregionale „Eisenstraße" von Hockai nach Sourbrodt. Heute besteht hier die Landschaft aus einem Mosaik von Wiesen, Moor, Buschwerk und Fichtenforsten.

Thema: Moore und Torf im Hohen Venn

11. Stopp: Renaturierungsmaßnahmen im Venn

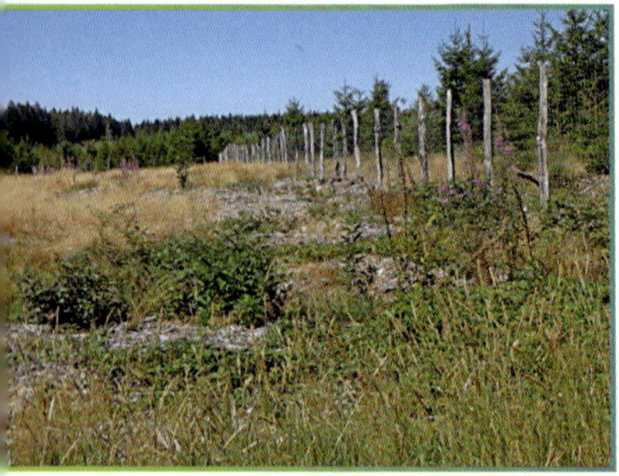

Im Rahmen des europäischen Finanzierungsprogramms LIFE wurden in den vergangenen 15 Jahren große Flächen ehemaliger Fichtenanpflanzungen auf Torfböden und anmoorigen Böden abgeholzt, um neue Heide- oder Moorflächen zu schaffen oder einheimische, standortgerechte Laubhölzer wieder anzupflanzen. Zur Renaturierung der Heide wurden neben anderen Maßnahmen Zäune aufgestellt, um die Beweidung mit Schafen oder mit Kühen zur Erhaltung der Offenflächen zu ermöglichen.

Thema: Die Geschichte des Waldes im Hohen Venn

12. Stopp: Im Quellgebiet des Pouhonbachs

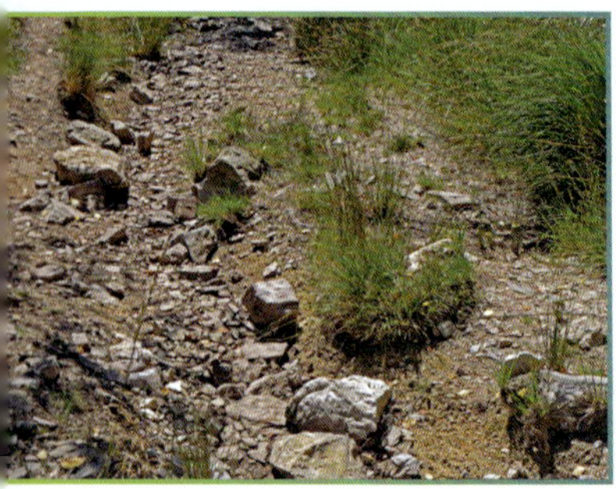

Im Hohen Venn besteht die kuppige Hochfläche gewöhnlich aus besonders quarzitreichen Revin-Schichten. Das zeigt sich unter anderem an den vielen herumliegenden Quarzitbruchstücken (Vennwacken). Die Tonschiefer zwischen den Quarzitbänken sind im Laufe einer langen Verwitterungszeit in wasserundurchlässigen gelblichen Lehm übergegangen. Deshalb kann in niederschlagsreichen Zeiten das Oberflächenwasser nicht versickern. Vielmehr sammelt es sich in Entwässerungsgräben oder freien Rinnsalen, manchmal auch auf ausgespülten Wegen. Aus diesen speist sich der Pouhonbach.

Thema: Vennwacken im Hohen Venn

13. Stopp: Ausblick auf Xhoffraix

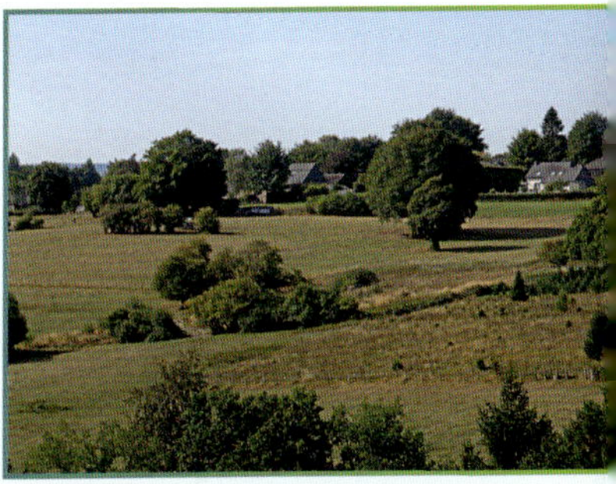

Das kleine walllonische Dorf Xhoffraix ist wie Longfaye eine der bereits im Mittelalter weit in das Hohe Venn vorgerückten Siedlungen. Der tief verwitterte Untergrund aus Revin-Schiefern bot die Möglichkeit, das Land zu roden. Die wenig höher gelegenen Moor- und Heideflächen mit reichlich Vennwacken wurden zum Heuen und Weiden des Viehs genutzt. Heute ist Xhoffrax ein Zentrum für touristische Aktivitäten. Im Sommer lockt eine großartige Landschaft zum Wandern. Im Winter lässt sich von hier aus auf vielfältige Weise Wintersport betreiben. Entsprechend reich ist das Angebot an modernen Ferienwohnungen.

14. Stopp: Ein Kreuz am Weg

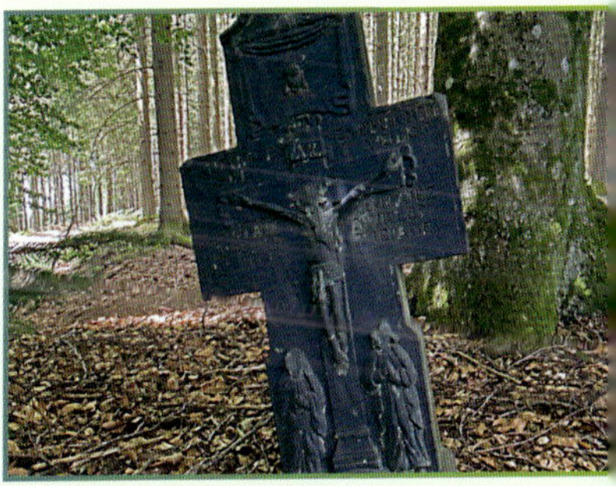

Verborgen hinter Gebüsch befindet sich links des Wegs ein aus Blaustein gemeißeltes Wegekreuz. Dargestellt ist das Kreuz Christi und darunter die trauernde Gottesmutter Maria (links) und der betende Evangelist Johannes (rechts). Unter dem Kreuz befindet sich ein Schädel als Hinweis auf Golgatha und über dem Kreuz ein entfaltetes Tuch mit einem trauernden Gesicht. Die Inschrift ist deutlich zu lesen. Sie lautet frei übersetzt: „Jeder fromme Christ, der die Mutter (Gottes?) mit Tränen in den Augen sieht, sollte für die armen Verstorbenen beten". Vielleicht ist es ein alter Grabstein.

15. Stopp: Eine keltische Fliehburg (Tchession)

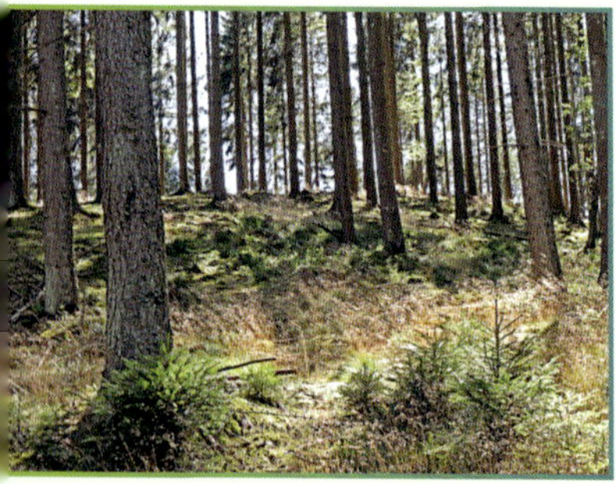

Auf einem steilen Felsvorsprung zwischen dem Pouhonbach und dem Rognaybach sind die Reste einer vermutlich keltischen Fliehburg noch deutlich zu erkennen. Ein Hügel wird nach beiden Seiten und nach hinten durch die steilen Hänge des Pouhon- und Rognaytals geschützt, die sich unterhalb des Bergvorsprungs zusammenschließen. Nach vorne wird die zugängliche Seite durch zwei tiefe Gräben und jeweils dahinter liegende, hohe Wälle geschützt. Die Fliehburg wird mit dem Keltenführer Vercingetorix in Verbindung gebracht, der sie beim Vordringen der Römer für einen Verwandten errichtet haben soll.

16. Stopp: Im Pouhontal

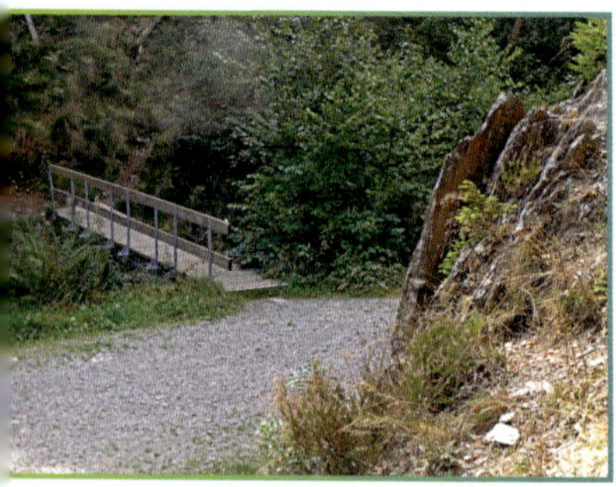

Der Pouhonbach lässt sich bei Niedrigwasser durch eine Furt überqueren. Eine Brücke für regenreiche Zeiten und seine steilen felsigen Talflanken zeigen aber an, dass sich der Bach dann mit deutlich mehr Wasser als reißender Strom talabwärts bewegt. Nach den schiefrigen Revin-Schichten weiter flussaufwärts bilden hier im Unterlauf des Pouhonbachs und auch weiterhin im Tal des Bayehons besonders harte Feinsandsteine und sandig gebänderte Tonschiefer der Salm-Schichten der frühen Ordovizium-Zeit die Talflanken.

17. Stopp: Im Bayehontal

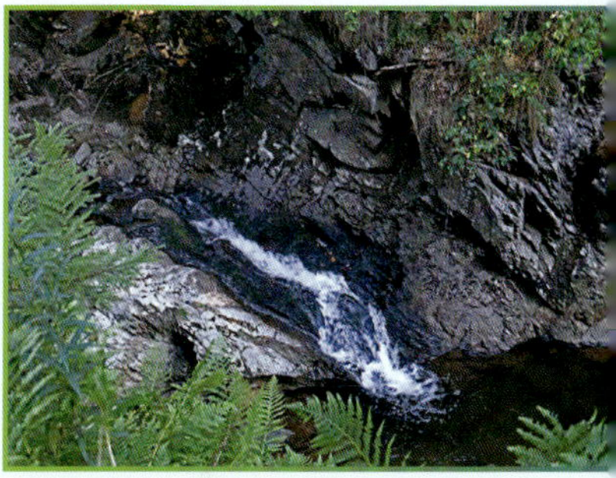

Die Enge des Bayehontals und seine steilen Felswände sind durch den Gesteinswechsel von überwiegend tonigen Revin-Schiefern zu mehrheitlich sandigen Salm-Schichten bedingt. Die Salm-Sandsteine und -Schiefer zerbrechen in größere Platten und leisten auch dem direkten Abschliff durch vom Fluss transportierte Gerölle starken Widerstand. Im unteren Warchetal werden östlich von Bevercé Salm-Sandsteine und -Schiefer in großen Steinbrüchen als Naturbausteine abgebaut.

18. Stopp: Die Warche

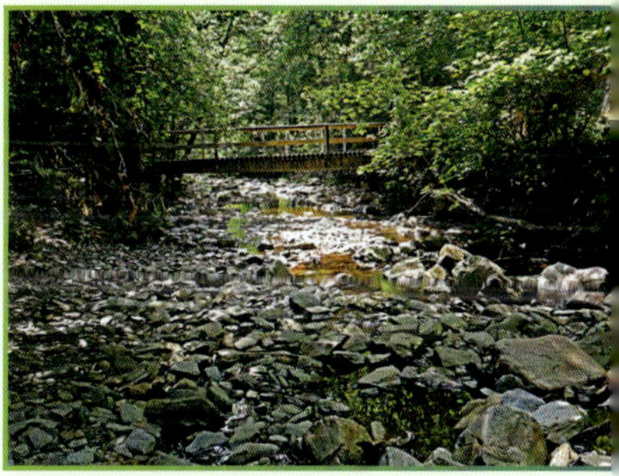

Die Warche mündet westlich von Malmedy in die Amel (Ambléve). Ab dem 15. Jahrhundert nutzten die Tuchmacher in Malmedy das zum großen Teil aus dem Hohen Venn stammende Warchewasser. Im 16. Jahrhundert folgten ihnen die Gerbereien. Im 18. Jahrhundert wurde von der Abtei sogar eine Papierfabrik gegründet. Heute führt die Warche auch in regenreichen Zeiten auffallend wenig Wasser. Der Grund ist die ganzjährige Reduktion des Wasserzuflusses durch die Talsperre von Robertville wenig oberhalb der Burg Reinhardstein.

19. Stopp: Napoleons Nase

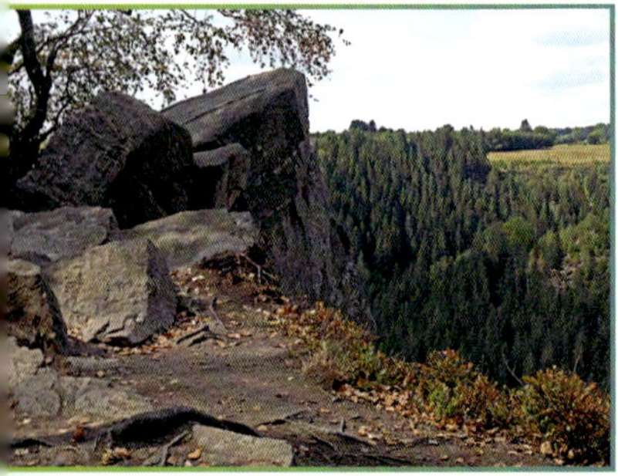

Diese auffällige Felsklippe an der südlichen Oberkante des Warchetals wird im Volksmund als „Le Nez de Napoléon" bezeichnet. Ihre sehr harten Sandsteine haben bereits Unterdevon-Alter. Weiter südlich, im Tal der Warchenne, bei Weismes werden diese Sandsteine seit langer Zeit in großen Steinbrüchen als „Arkose von Weismes" abgebaut. (Eine Arkose ist ein Sandstein mit einem hohem Feldspatanteil.) Viele alte Bauernhäuser in der Umgebung sind aus diesem Naturstein erbaut, und auch viele moderne Häuser im Landhausstil werden mit ihm verblendet.

20. Stopp: Die Talsperre von Robertville

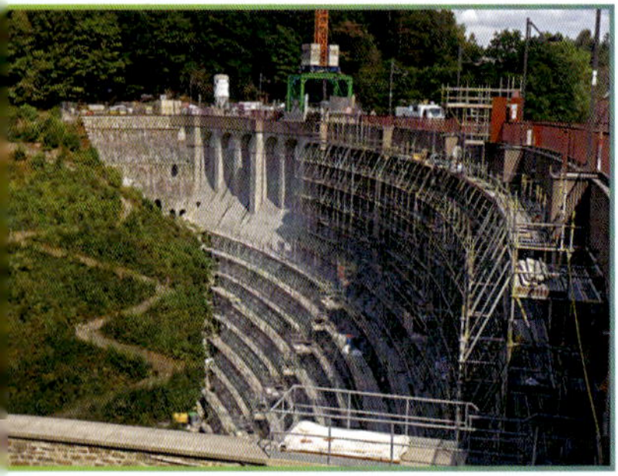

Hauptzweck dieser zwischen 1925 und 1928 erbauten Talsperre ist die Versorgung der Stadt Malmedy mit Trinkwasser. Sie hat einen Stauinhalt von 7,7 Millionen Kubikmeter. Das Wasser wird in einem 5,5 Kilometer langen Stollen über die Hochfläche zu einem Hochbehälter über Malmedy geführt, von dem aus es in einer Druckleitung 100 Meter tief zum Kraftwerk Bévercé abfällt. Die Staumauer ist eine Gewichtsstaumauer. Sie hat eine Höhe von 54,50 Metern und eine Länge von 182 Metern. Die Breite der Krone beträgt 4 Meter, die Breite am Fuß der Mauer 38 Meter. Auf der Südseite ist ein Überlauf eingerichtet.

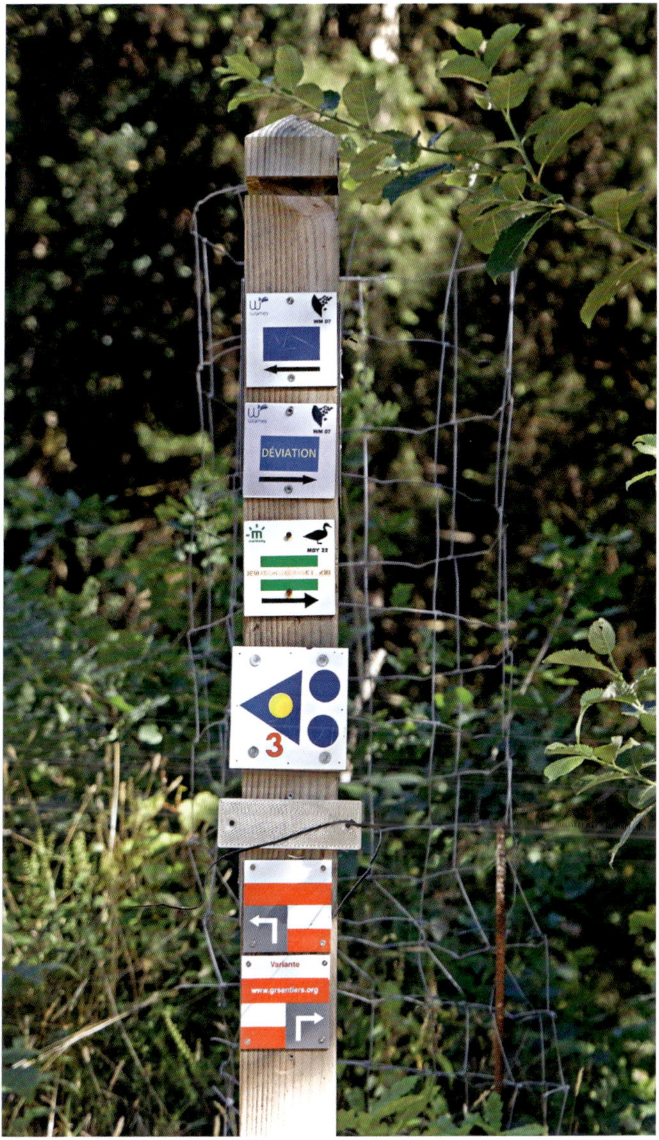
DÉVIATION
3
Variante
www.grsentiers.org

5 ERGÄNZENDE THEMEN – NACH DER ZEIT GEORDNET

THEMA: LITHALSEN IM HOHEN VENN

Lithalsen – von manchen Forschern auch als Palsen bezeichnet - sind ring- oder ellipsenförmige wallartige Erhebungen, die nur wenig über den Erdboden hinausragen. Im Zentrum der Ringwälle befindet sich eine mit Wasser oder einer Niedermoorvegetation gefüllte Vertiefung.

Die Durchmesser von Lithalsen variieren zwischen 30 und 100 Meter. Die Senken in ihrem Zentrum können bis zu acht Meter tief sein. Spuren solcher Ringwälle und ihrer Weiher finden sich zu Hunderten und Tausenden fast überall auf dem Vennplateau und seinen flachen Hangflächen.

Entstanden sind die nach Vorbildern in der heutigen Arktis benannten Lithalsen (oder Palsen) des Hohen Venns vor 12.000 bis 10.000 Jahren im periglazialen Dauerfrostboden der ausgehenden Weichsel-Kaltzeit. Durch sommerliches Auftauen der tonigen Verwitterungsschicht über den darunter anstehenden Revin-Schiefern und -Quarziten bildete sich nahe der Oberfläche ein wassergesättigter Bodenhorizont.

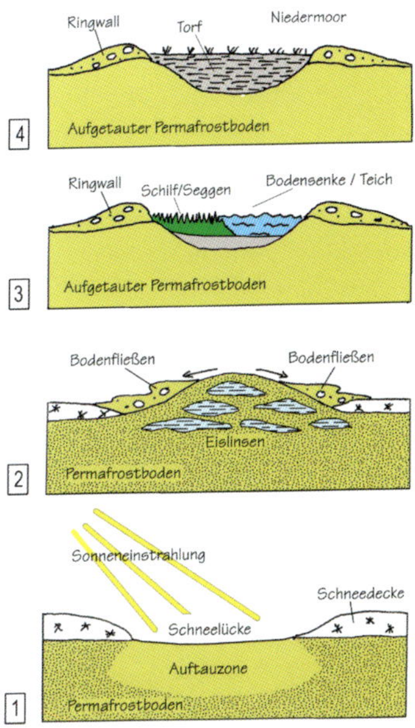

Im folgenden Winter entstanden durch Sammelkristallisation des Porenwasssers zunächst kleine und dann immer größere Eislinsen, über denen sich die Landoberfläche aufwölbte.

In der folgenden wieder wärmeren Jahreszeit kam es über der Eisbeule zu einem seitlichen Abgleiten der aufgetauten Bodenschicht (Solifluktion) und dadurch zur Bildung eines Ringwalls aus Verwitterungsschutt.

Nach dem endgültigen Auftauen der Eislinsen fiel der Boden im Zentrum weiter zurück als die Ränder und es entstanden innerhalb der Ringwälle abflusslose Senken als günstige Voraussetzung für das Wachstum von Wasserpflanzen und damit für die Moorbildung.

THEMA: VENNWACKEN IM HOHEN VENN

Der größte Teil des Hohen Venns wird unterlagert von Revin-Tonschiefern und quarzreichen Revin-Sandsteinen (Revin-Quarzit) aus der Kambrium-Zeit (siehe: Die ganze Geschichte des Hohen Venns). Die Tonschiefer sind reich an Kohlenstoff und deshalb schwarz. An der Oberfläche verwittern die Schiefer zu weißem Ton oder bei geringem Sandgehalt auch zu gelblichem Lehm.

Die zwischen die Tonschiefer eingeschalteten Quarzitbänke sind in unverwittertem Zustand ebenfalls schwarz oder dunkelgrau. Bei Luftzutritt nehmen auch sie eine hellgraue Farbe an. Wegen ihres sehr hohen Quarzanteils bleiben sie aber splittrig-hart.

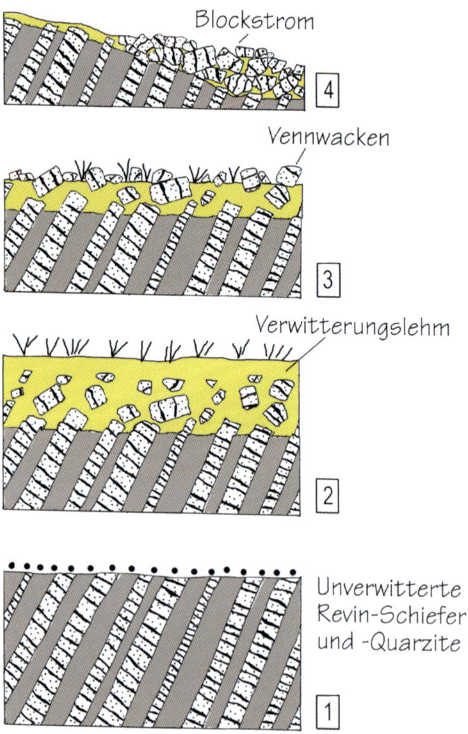

Die Revin-Tonschiefer und -Quarzite wurden im Zuge der kaledonischen und später der variszischen Gebirgsbildung eng gefaltet und geschiefert. Dabei entstand in den Quarzitbänken ein enges Netz von Rissen (Klüften), die sich aber gleich wieder mit weißem Quarz („Milchquarz") füllten. Deshalb sind die kleinen und großen Blöcke des Revin-Quarzits heute von einem dichten Netz weißer Quarzgänge durchzogen. Weil sie in dieser Form nur im Hohen Venn vorkommen, bezeichnet man sie als Vennwacken.

Seit dem Ende der Karbon-Zeit unterlagen die durch die Faltung steil aufgerichteten Schiefer und Quarzitbänke der Revin-Schichten der Abtragung zu einer Fastebene. Besonders wirksam wurde die Gesteinsverwitterung nach der Kreidezeit. Im subtropisch warmen Klima der frühen Tertiär-Zeit entstanden aus den Revin-Schiefern tief reichende Ton- und Lehmböden; die Revin-Quarzite blieben dagegen in diesen Ton- und Lehmschichten unverändert erhalten.

Wo fließendes Wasser den Ton bzw. Lehm um sie herum abspülte oder wo der Mensch sie heute freilegt, liegen sie als „Vennwacken" an der Tagesoberfläche frei. In Zeiten des Permafrosts am Ende der letzten Kaltzeit (Weichsel-Kaltzeit) führte schon ein geringes Gefälle zum Bodenfließen (Solifluktion) und dadurch zur Entstehung großer Vennwacken-Blockfelder.

THEMA: MOORE UND TORF IM HOHEN VENN

Moore sind Feuchtgebiete mit einer besonderen Vegetation. Sie sind der Bildungsort für Torf.

Niedermoore entstehen bei der Verlandung nährstoffreicher offener Gewässer in Grundwasserspiegelhöhe. Im Hohen Venn gilt das für die Lithalsen. In ihnen gedeihen auch anspruchsvollere Pflanzen wie Schilf.

Hochmoore entwickeln sich dagegen unabhängig vom Grundwasserspiegel. Ihre Vernässung stammt ausschließlich aus mineralarmem Niederschlagswasser. Dieses reicht aus, um anspruchslose Torfmoosarten (*Sphagnum*) wachsen zu lassen.

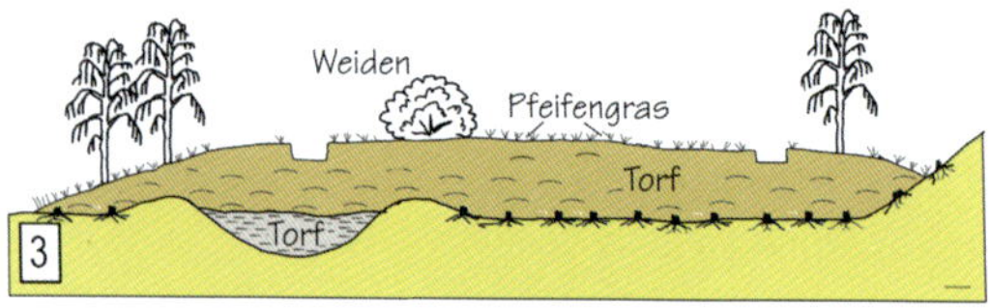

Inaktives Moor

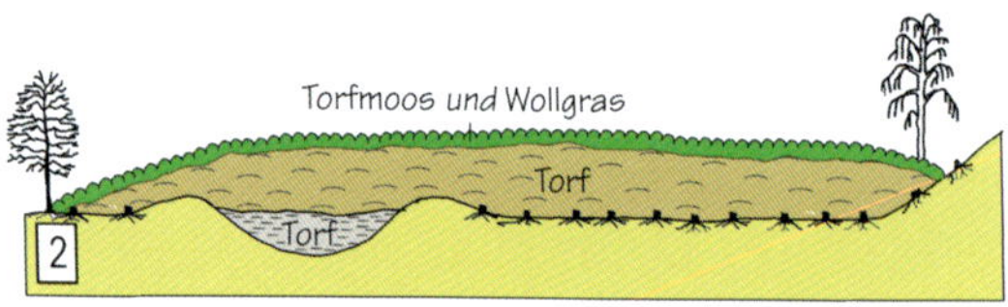

Hochmoor

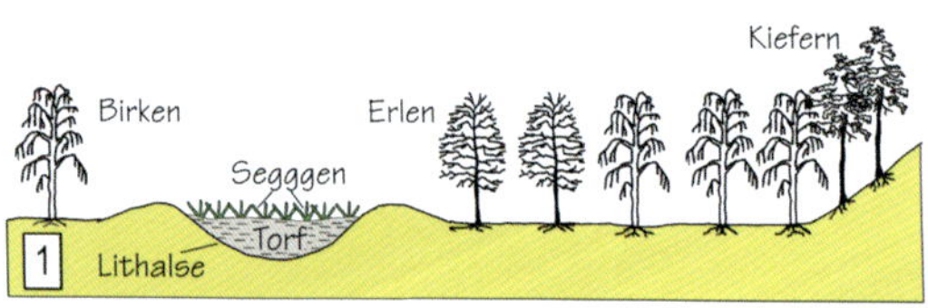

Niedermoor

Die Torfmoose bilden dichte Polster, die Regenwasser oder Nebeltröpfchen in großen Mengen aufnehmen und halten können. Während die Sprossen der Torfmoose immer weiter nach oben wachsen, sterben ihre älteren, tiefer liegenden Abschnitte ab und gehen in Torf über.

Da verschiedene Arten von *Sphagnum* unterschiedlich schnell wachsen, entsteht in einem aktiven Hochmoor mit der Zeit ein charakteristisches Kleinrelief aus Bulten und Schlenken. Die Bulten sind unregelmäßig runde Erhebungen bis 50 Zentimeter Höhe, die trockenere Standorte darstellen. Die Schlenken sind kleine, wannenförmige Vertiefungen dazwischen, in denen sich das Niederschlagswasser staut.

Wo ein Moor dank der Unabhängigkeit seiner Torfmoose vom Grundwasser immer weiter nach oben wachsen kann, entsteht eine für Hochmoore charakteristische, uhrglasförmig aufgewölbte Mooroberfläche. Wird das Wachstum eines Hochmoors dagegen durch Entwässerung gestört, wird sein nun trockener Untergrund von Pfeifengras und später auch von Heidekraut und Adlerfarn überwuchert. Das Hochmoor wird inaktiv.

Torf entsteht durch die biochemische Zerlegung der von den Moorpflanzen aufgebauten pflanzlichen Substanz durch Mikroorganismen (Bakterien, Pilze usw.). Dabei werden die abgestorbenen Pflanzenreste auch mechanisch zerkleinert. Durch den Druck von immer weiter aufgehäuftem Pflanzenmaterial entwässern und verdichten sich die tiefer liegenden Schichten und es entsteht ein sauerstoffarmes Milieu.

Dann setzen anärobe Bakterien den biochemischen Abbau des Pflanzenmaterials zu kohlenstoffreichen Humusstoffen (Kohlenhydrate, Lignin) fort. In diesem Stadium der Vertorfung verlieren sich dann auch die Strukturen von Holz, Rinden, Blättern, Samen und Früchten. Im Schwarztorf sind außer einzelnen Fasern keine ursprünglichen Pflanzenstrukturen mehr zu erkennen.

Seit dem 17. Jahrhundert diente Torf in den Dörfern und Städten rund um das Hohe Venn als Hausbrand. Bis in das 19. Jahrhundert hinein stellte er auch eine wertvolle Energiequelle für die Tuchwerkstätten in Verviers, Eupen, Monschau und Malmedy dar. Die Torfstiche galten jeweils als Gemeindeeigentum. Die bevorzugte Jahreszeit für den Torfabbau war das Frühjahr.

Der Torf wurde mit einem speziellen Torfspaten in ziegelförmigen großen Stücken abgestochen. Die Torfstücke wurden zum Trocknen zu Pyramiden aufgeschichtet. Erst zum Winter hin gelangte der getrocknete Torf in die Dörfer.

Jede Familie verbrannte zwischen 15.000 und 20.000 Torfbriketts im Jahr. Heute sind in den Venngebieten nur noch hier und da überwachsene Steilkanten und tiefer liegende Sohlen ehemaliger Torfstiche zu erkennen.

THEMA: DIE GESCHICHTE DES WALDES IM HOHEN VENN

Mithilfe von Pollen und Sporen oder Holz- und Blattresten in den Torfablagerungen des Hohen Venns lässt sich heute die Geschichte des Waldes in diesem Gebiet seit Beginn des Holozäns vor 12.000 Jahren vor heute recht zuverlässig rekonstruieren.

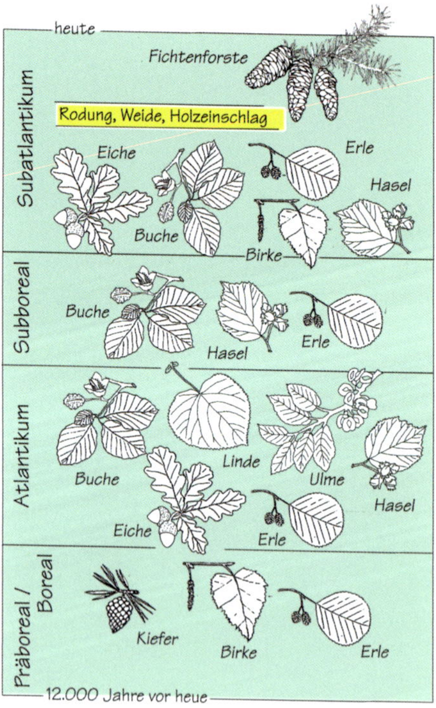

Geschichte des Waldes im Hohen Venn

Für die noch kühle Präboreal- und Boreal-Zeit (10.000-8.000 Jahre vor heute) beschränkt sich die pflanzliche Überlieferung noch hauptsächlich auf Baumstümpfe und Zweige von Kiefern, Birken und Erlen. Gegen Ende der Boreal-Zeit zog sich die Kiefer wieder zurück. Dafür entstanden dichtere Birkenwälder und Erlengehölze. Die Torfbildung dieser Zeit beschränkte sich noch auf kleine Moor- und Wasserflächen innerhalb der Ringwälle von Lithalsen.

Erst seit Beginn des Atlantikums (8.000-5.000 vor heute), des wärmsten Abschnitts der Nacheiszeit, breiteten sich größere Moorflächen über das Hohe Venn aus. In der noch trockenen Umgebung der Moore breiteten sich Eichen- und Erlenwälder aus. Außerdem wuchsen hier Ulmen, Linden und Haselbüsche. Später kamen auch Buchen dazu.

Eine kurzzeitige Abkühlung während des anschließenden Subboreals (5.000-2.500 Jahre vor heute) hatte in den neu gebildeten Moorgebieten eine Zunahme von Heidekraut zur Folge und die Ausbreitung von Birkengehölzen. Buchen, Hasel und Erlen blieben aber häufig.

Im wieder wärmeren und feuchteren Subatlantikum (seit 2.500 Jahren bis heute) setzte eine besonders starke Moorbildung ein. Um die Moorflächen herum bestand weiterhin Wald. Auf dem nach Nordwesten exponierten luvseitigen Abfall des Hohen Venns wuchsen Eichen-Birken-Wälder. In höheren, feuchteren Teilen dominierten Moor-Birken-Wald und ganz oben moorige Erlen- und Birkenwälder.

Auf dem südöstlichen Vennabfall siedelten in den steileren Talhängen Eichen-Hainbuchen-Wälder und zur Höhe hin Rotbuchenwälder. Tatsächlich war das Hohe Venn bis in das Mittelalter hinein zu 90 Prozent von einem dichten Laubwald bedeckt.

Erst seit dem Hochmittelalter entstanden immer mehr bäuerliche Siedlungen rund um die Vennhochfläche und die Menschen begannen, diese waldreiche und moorige Naturlandschaft zu verändern. Sie rodeten den Wald oder nutzten ihn und die neu entstehenden

Ödflächen als Viehweide. Sie schlugen Holz als Bau- und Brennholz und bauten Torf ab zum Heizen. Sie betrieben Köhlerei und schälten die Eichen zur Gewinnung von Lohe.

Alle diese Eingriffe führten dazu, dass am Ende des 18. Jahrhunderts auf der so gut wie menschenleeren Vennhochfläche fast kein Wald mehr wuchs.

Zwischen 1775 und 1779 begann deshalb die österreichische Forstverwaltung Limburgs im Hertogenwald auf dem Nordhang des Hohen Venns Fichten zu pflanzen. Nach Gründung des Königreichs Belgien 1830 setzte die belgische Regierung diese Arbeit fort und legte auch bereits in den höheren Venngebieten Fichtenkulturen an. Schließlich begann auch Preußen, in den ihm 1816 zugesprochenen Teilen der Vennhochfläche brach liegende Flächen mit Fichten aufzuforsten.

Dazu wurden zuerst die nicht entwässerungsbedürftigen Härtlingsrücken bepflanzt. Später legte man in den feuchteren Senken und Mooren Entwässerungsgräben an und bereitete auf diese Weise große Flächen für die Aufforstung vor. Noch heute haben Nadelhölzer 90 Prozent Anteil am Vennwald.

Fichten galten in der Zeit des industriellen Aufbruchs wegen ihres schnellen Wachstums (10-15 m3/ha/Jahr) und ihres hohen Verkaufserlöses als wirtschaftlich rentabel. Heute sieht man eher die Probleme von Fichtenmonokulturen. Fichtennadeln vergehen nur langsam und bilden eine saure Rohhumusdecke, die den Boden für lange Zeit verdirbt. Auch lässt die Lichtarmut dichter Fichtenforsten keine Bodenvegetation zu. Schließlich bedingen die Bewegungen der flachen Wurzelteller der Fichten bei starkem Wind eine deutliche Verdichtung der obersten Bodenschicht, sodass kaum Niederschlagswasser in den tieferen Untergrund eindringen kann. Weil den Fichten tiefer in den Boden reichende Wurzeln ganz fehlen, sind sie auch stark windwurfgefährdet. Dazu kommt die Gefährdung von Fichtenmonokulturen durch Schädlingsbefall (Borkenkäfer).

Inzwischen hat der Umbau des hohen Nadelholzanteils in den Wäldern des Hohen Venns begonnen. Die Forstverwaltungen achten heute darauf, die sicherlich auch in Zukunft wirtschaftlich notwendigen Fichtenforsten mit Neupflanzungen heimischer Laubbäume wie Eichen und Moorbirken zu mischen. Daneben unterstützt das umfangreiche EU-Förderprogramm LIFE die Renaturierung von ehemaligen Heide- und Moorflächen, die in den vergangenen 150 Jahren den Fichtenwäldern weichen mussten.

Vom Nadelholz befreite Flächen werden geschält, um das Aufwachsen von Heidekrautgewächsen zu begünstigen. Und auf den nassen Böden ursprünglicher Moorflächen werden früher angelegte Drainagegräben verschlossen, um wieder Moore entstehen zu lassen.

Aber auch wenn die noch erhaltenen bzw. zu renaturierenden Moor- und Heidegebiete heute den besonderen Charakter des Hohen Venns ausmachen, so werden sie doch verhältnismäßig kleine Freiflächen innerhalb der großen zusammenhängenden Waldgebiete, die sie umgeben, bleiben.

THEMA: HISTORISCHE GRENZEN UND STRASSEN IM HOHEN VENN

Seitdem die Menschen rund um das Hohe Venn Verkehrswege anlegten und Siedlungen gründeten, treffen sich in dessen hoch gelegenen Wald- und Moorgebieten auch Grenzen.

In römischer Zeit verlief die Grenze zwischen den Verwaltungseinheiten Köln (Civitas Coloniensis) und Tongeren (Civitas Tungriensis) von der Weser her die Hill aufwärts bis zu deren Quelle und weiter am Polleurbach entlang zum Rotwasserbach (Eau Rouge) bis nördlich von Malmedy. Verkehrswege über das Hohe Venn sind aus dieser Zeit allerdings nicht bekannt.

Im Mittelalter und in der frühen Neuzeit teilten sich fünf Herrschaften das Gebiet des Hohen Venns: im Nordwesten das Bistum Lüt-

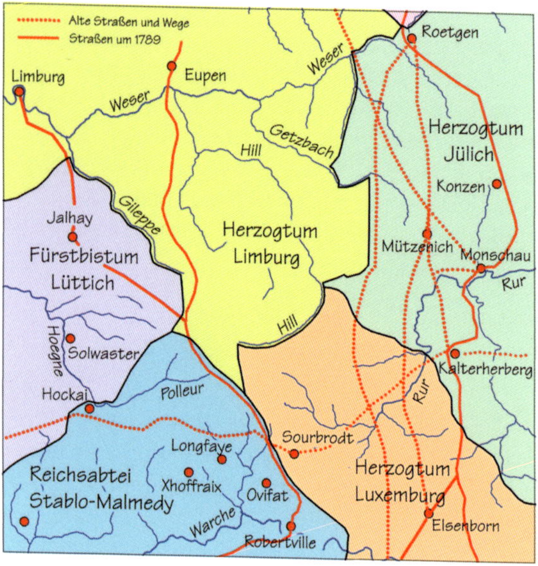

Historische Grenzen im Hohen Venn (1): vor 1789

tich, im Südwesten das Doppelkloster Stavelot-Malmedy, im Norden das Herzogtum Limburg, im Süden das Herzogtum Luxemburg und im Osten das Herzogtum Jülich.

Die Grenze zwischen dem Bistum Lüttich und dem Doppelkloster Stavelot-Malmedy verlief von Hockai aus nördlich des Polleurtals bis zur Höhe Baraque Michel. In ihrer Fortsetzung bildete der Oberlauf der Hill die Grenze zwischen den Herzogtümern Limburg und Luxemburg.

Als Grenze des Bistums Lüttich gegen das Herzogtum Limburg galten der Oberlauf der Gileppe und in dessen Fortsetzung nach Süden eine Verbindungslinie nach Baraque Michel. Mit einem kleinen Versatz nach Osten setzte sich diese dann als Grenze der Klosterherrschaft Stavelot-Malmedy gegen das Herzogtum Luxemburg zwischen Sourbrodt und Robertville nach Süden fort. (Später wurde das Limburger Gebiet um einen schmalen Zipfel bis zur Botrange erweitert.)

Die Westgrenze des Herzogtums Jülich gegen das Herzogtum Limburg verlief von Roetgen entlang der Weser und den Eschbach aufwärts bis zum Getzbach und weiter entlang einem Grenzgraben in Richtung Herzogenhügel. Hier stieß sie auf die Nordgrenze des Herzogtums Luxemburg von der Hillquelle über den Herzogenhügel in Richtung Kalterherberg und weiter nach Südwesten.

Abgesehen davon, dass sowohl Limburg (seit 1404) als auch Luxemburg (seit 1451) zum Herrschaftsbereich Burgund gehörten und damit nacheinander unter habsburgische, spanische und österreichische Verwaltung fielen, galt diese territoriale Gliederung der Kerngebiete des Hohen Venns bis zum Ende des 18. Jahrhunderts.

Aus dieser Zeit des Mittelalters und der frühen Neuzeit sind nur wenige überregionale Wege und unbefestigte Straßen bekannt, die das damals gänzlich unbesiedelte Hohe Venn querten.

Als älteste Nord-Süd-Verbindung gilt die Via Mansuerisca, eine als Knüppeldamm über das Moor geführte Landstraße von Hestreux westlich Eupen nach Sourbrodt. Nach heutiger Kenntnis entstand sie zwischen dem sechsten und achten Jahrhundert nach Christus. Aus karolingischer und nachkarolingischer Zeit ist eine vielbegangene mittelalterliche Pilgerstraße von Aachen nach Trier (und umgekehrt) belegt. Sie verlief von Aachen und Kornelimünster über Roetgen zum Reinartzhof. Von dort querte sie das Steinley-Venn und den Steling und verlief weiter über Mützenich in Richtung Monschau oder über das Kloster Reichenstein nach Süden.

Daneben entwickelte sich zwischen dem 15. und dem 18. Jahrhundert eine sogenannte Kupferstraße von Aachen bzw. Stolberg über Roetgen und den Stehling nach Süden in Richtung Elsenborn und Bütgenbach. Auf ihr wurden Messingerzeugnisse der Aachener und Stolberger Messingindustrie nach Luxemburg und weiter nach Frankreich transportiert.

In den breiten Moorgebieten des westlichen Hohen Venns hielt sich im späten Mittelalter ein Weg von Sourbrodt nach Eupen noch eng an die Streckenführung der Via Mansuerisca. Ein weiterer Weg führte von Sourbrodt über Baraque Michel nach Jahly und weiter nach Limburg. Von diesem Weg sind heute noch Wegzeichen wie die Hauptmannsäule bei Botrange und die Pannhaussäule mit der eingemeißelten Jahreszahl 1566 erhalten.

Überregional bedeutsam war auch ein sehr alter Weg von Hockai nach Longfaye. Zeitweilig markierte er die Südgrenze des Bistums Lüttich und wurde deshalb als Alte Vequée bezeichnet (Bistumsstraße). Bei Longfaye traf er auf eine sogenannte Eisenstraße (Voie de Fer), auf der zwischen dem 15. und 18. Jahrhundert Roheisen von Schleiden über Kalterherberg und Sourbrodt nach Franchimont und Lüttich transportiert wurde.

Nach der Franzosenzeit (1798-1814) und dem Wiener Kongress (1816) änderte sich die politische Landkarte im Hohen Venn fundamental. Das Bistum Lüttich und der größte Teil Limburgs wurden dem Königreich der Niederlande zugesprochen. Nach der Gründung des Königreichs Belgien 1830 gehörten sie zu Belgien. Der westliche Teil der ehemaligen Klosterherrschaft Stavelot-Malmedy (Malmedy) fiel an Preußen, ebenso ein nördlicher Teil des ehemaligen Herzogtums Luxemburg.

Seit 1816 querte also nur noch eine Landesgrenze das Hochplateau des Hohen Venns. Zuerst trennte sie die Niederlande und Preußen, seit 1830 Belgien und Preußen und seit 1870 Belgien und Deutschland. Diese Grenze verlief von Eupen im Norden die Hill aufwärts bis zur Hillquelle, von dort nach Baraque Michel und entlang einer Neuen Vequé bis kurz vor Hockai. Von dort setzte sie sich entlang dem Rotwasserbach (Eau Rouge) in Richtung Malmedy fort. In Teilen wird diese Grenze heute noch durch 1,40 Meter hohe sechsseitige Grenzsteine markiert.

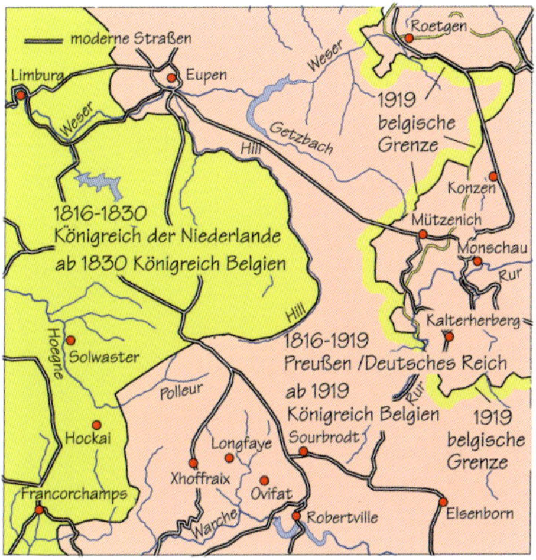

Historische Grenzen im Hohen Venn (2): 1816 - 1919

Mit Beginn der Industrialisierung im nördlichen Vorland des Hohen Venns in der Mitte des 19. Jahrhunderts und der damit zunehmenden überregionalen wirtschaftlichen Verflechtung wurden neue Verkehrswege auch über das Hohe Venn immer wichtiger. 1804 hatte Napoleon die erste moderne Straße von Aachen über Roetgen nach Monschau bauen lassen.

1844 baute Preußen die Straße Eupen-Monschau aus. Zwischen 1855 und 1857 wurde eine neue Straße von Eupen nach Malmedy fertiggestellt und die Straße von Sourbrodt nach Mot Rigi ausgebaut. Schließlich verkehrte seit 1885 eine Vennbahn zwischen Aachen und Luxemburg mit Bahnhöfen in Raeren, Roetgen, Konzen, Mützenich, Kalterherberg und Sourbrodt.

1919 verlegte der Versailler Vertrag die deutsch-belgische Grenze weit nach Osten, sodass seitdem der weitaus größere Teil des Hohen Venns mit den meisten noch erhaltenen Moorgebieten auf belgischem Staatsgebiet liegt.

BILDNACHWEIS

Bilder Umschlag und Innenteil: © Roland Walter

Karten: © Roland Walter

Cover- und Umschlaggestaltung: Dafni Perrou

Satz: Dafni Perrou

Lektorat: Dr. Irmgard Jaeger